監修者——佐藤次高／木村靖二／岸本美緒

［カバー表写真］
カエサルの凱旋
（マンテーニャ作，ロンドン，ハンプトン・コート宮殿蔵）

［カバー裏写真］
カエサル胸像
（ナポリ，国立考古学博物館蔵）

［扉写真］
カエサルの死
（カムッチーニ作，ナポリ，カポディモンテ博物館蔵）

世界史リブレット人7

カエサル

貴族仲間に嫌われた「英雄」

Mōri Akira
毛利 晶

目次

貴族仲間に嫌われた「英雄」

マルクス・トゥリウス・キケロとガイウス・アントニウスがコンスルだった年（前六三年）の九月二十三日のことである。元老院でカティリーナの陰謀事件（二一〇頁参照）について審議されていたとき、議員の一人ガイウス・オクタウィウスが遅れてやってきた。彼が「妻の出産のために遅刻した」と釈明すると、これを聞いたニギディウスは赤ん坊の生まれた時刻を尋ね、「世界の君主が生まれた」と明言したという。あるいは別の伝承によると、ニギディウスは「あなたは我々の主人（デスポテース）を生んだ」と叫んだ。この予言に驚いたオクタウィウスが息子を殺そうとすると、彼を押しとどめて「この子がそのような目にあうことはありえない」といったと伝えられる。このように初代の皇帝と

▼マルクス・トゥリウス・キケロ（前一〇六～前四三）　中部イタリアの都市アルピヌムの出。祖先に元老院議員をもたない「新人」だが、法廷弁論をとおして人脈を築き、コンスルにまで登りつめた。

▼ガイウス・アントニウス　三頭政治家マルクス・アントニウスの叔父。ヒュブリダ（落胤）と渾名された。

▼コンスル　ローマ共和政最高位の官職。任期一年で、二名の同僚制をとる。「執政官」などと訳されるが、本来その職務には軍隊指揮も含まれたので本書では原語を用いる。なおローマ人は共和政期の年を二名のコンスル（コンスル職がおかれなかった年は、コンスルに相当する官）の名で表記した。

▼プブリウス・ニギディウス・フィグルス　自然科学と文法の研究で名をなした元老院議員。自然現象から将来を占う術にも長けていたといわれる。

されるアウグストゥス（オクタウィアヌス）は、誕生と幼児期にまつわるエピソードや、将来の権力と栄光を予言する前兆の話に事欠かない。

さてカエサルであるが、彼にはこうした類の伝承がない。たしかにカエサルの二つの伝記（スエトニウスの『皇帝伝』のなかの「神君ユリウス」と、プルタルコスの『対比列伝』のなかの「カエサル」）は奇しくもともに冒頭部分を欠く。また共和政期の詳しい通史として重要なリウィウスの『ローマ建国以来の歴史』は前一六七年（第四五巻）以降が散逸、同じくカッシウス・ディオの『ローマ史』も前六九年（第三六巻）以前は断片しか残らない。しかし著名なローマ人にまつわるエピソードや予兆を収録した書物は史書や伝記以外にも存在するので、単なる史料の欠損だけでかたづけることはできないだろう。

カエサルにこうした話が伝わらないのは、そもそもそうしたものが存在しなかったからではないか。しかし、プルタルコスがギリシアのアレクサンドロス大王と対比させ、「古代ローマの英雄」と称されることも多いカエサルほどの人物に、誕生にまつわる不思議や幼児期のエピソード、将来権力の座を予言する前兆の話がないとすれば、それはなぜだろう。若い頃のカエサルは、「オプ

▼ガイウス・スエトニウス・トランクィルス　トラヤヌス帝（在位九八〜一一七）の治世の末期とハドリアヌス帝（在位一一七〜一三八）のもとで皇帝属吏の要職を歴任した。文筆活動もおこない、『皇帝伝』などの著作が残る。

▼プルタルコス（五〇頃〜一二〇頃）　ギリシアの地方都市カイロネイアの人。生涯の大半を故郷で過ごし、『対比列伝』など膨大な著作を著した。

▼ティトゥス・リウィウス　アウグストゥスの時代の歴史家。トロヤの英雄アンテノルとアエネアスが祖国滅亡のあとイタリア半島に到来した時点から筆を起こし、ティベリウス帝の弟ドルススの死（前九年）までのローマの歴史を一四二巻の史書にまとめた。

▼カッシウス・ディオ　ビテュニアの都市ニカエア生まれの元老院議員。後二二九年にセウェルス・アレクサンデル帝（在位二二二〜二三五）とともに正コンスルの職を務めたあと政界を引退し、故郷に帰った。彼の『ローマ史』は建国から二二九年までをあつかっていた。

●—カエサル（トリノ、古代博物館蔵）

●—アウグストゥス（ミュンヘン、グリュプトテク蔵）

●—アレクサンドロス（イスタンブル、考古学博物館蔵）

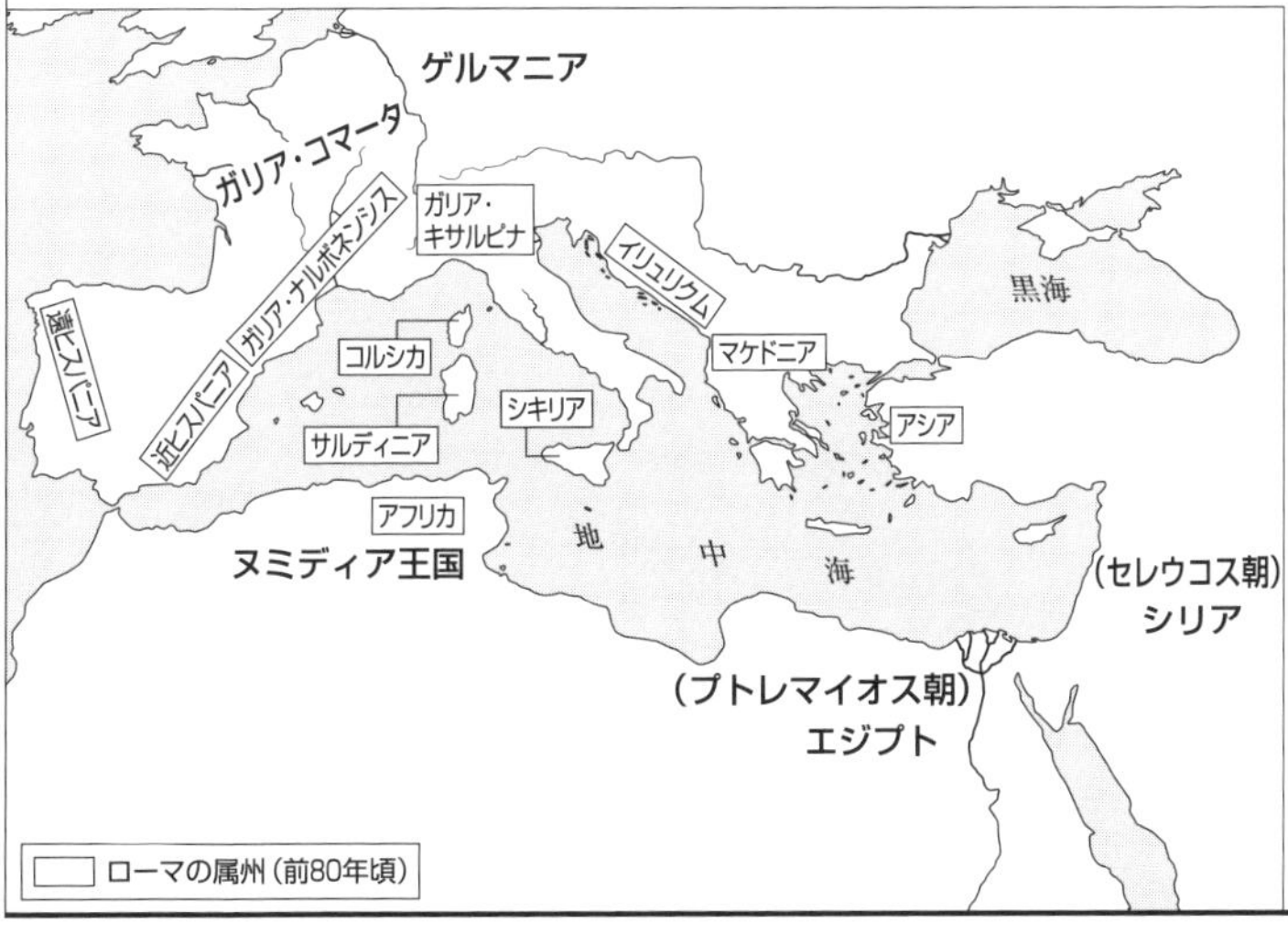

●—前一世紀初頭のローマ世界

ティマテス」▲を自称する保守的なローマの元老院貴族から胡散臭い不良青年のようにみられ、権力を掌握したあとは、ローマの自由と伝統を破壊する者として彼らから恐れられ憎まれた。そして死後は過去から切り離されて国家神となり、最初のローマ皇帝とされる人物の権威を高めるために利用された。そこには、誕生にまつわる不思議や幼児期のエピソード、将来の偉業を予言する予兆がつくり出され、語り継がれる余地が、そもそもなかったのではないか。本書はカエサルを英雄としてではなくローマ史の転換期にあらわれた一つの現象としてとらえ、貴族仲間に嫌われながらも歴史に大きな足跡を残した人物の激動の一生を追う。

▼**オプティマテス**（最良の人々）
ローマの支配者層（元老院議員身分）全体を指す言葉。とくに、この身分の本性をもっとも純粋に体現するとみなされた一群の人々や家系に対して用いられることもある。

①―共和政末期のローマ社会

ノビレス貴族

ティベリス川の下流域に成立したローマは、最初王をいただいていた。しかし、伝承によると前六世紀の終わりころにクーデタが起こり、王政は廃止されて毎年国家の棟梁を選出する共和政へと移行した。当初これに選出されて統治と軍隊指揮を担ったのは、パトリキと呼ばれ、血筋の高貴さを誇る貴族にかぎられたが、前四世紀前半の改革(いわゆるリキニウス゠セクスティウス法の成立)によって最高官職であるコンスルがパトリキ以外の市民(プレプス)にも解放される。ただこれはコンスル職への就任を一部の者にかぎる法が存在しなかったまでのことで、現実にこれにつけたのは、騎兵として従軍する富裕な市民にかぎられた。しかも官職を歴任した者は元老院議員となって国政に影響力を行使し続け、また彼らの子弟も猟官に励むことが多かったので、ローマ社会のなかにパトリキと一部の富裕なプレプスから成る新しい支配者集団が形成されていった。前三世紀の末に、元老院議員とその子弟に農業経営を除く営利活動を禁じる趣旨の法が成立すると、この集団は「元老院議員身分」と呼ばれる一つの身分となる。

ところで共和政ローマの官職は、非常時におかれる独裁官▲と騎兵長官を除いて選挙で選出される。熾烈な選挙戦を勝ちぬいた者だけが統治と軍隊指揮にあたり、任期を終えて私人に帰ったあとも元老院議員として政治に影響力を行使できたのである。選挙に勝つためには、有権者であるローマ市民に名前を知らしめる必要があるが、そのさいものをいったのは、まず血筋と家柄だった。あるローマ史家が指摘しているようにローマ人は保守的な人々で、優れた業績のある父から生まれた子やめざましい活躍をした人の子孫は、凡庸であることが実証されないかぎりは父や祖先と同じように優れた素質をもつと考えられたのである。そのため貴族たちは高位の官職についた祖先の偉業をことあるごとに誇るのが常だった。その官職がコンスルのように最高位であればなおさら良い。かくして祖先に最高位の官職経験者をもつ人たちは、自ら「ノビレス(貴顕の人々)」と称して、他から区別された特別な存在であることを誇るようになった。

もちろん選挙では本人の業績も重視された。なかでも軍隊での功績、若者の場合は戦場での勇敢な行為、軍隊指揮権を有する高位の官職についた人は戦争

▼独裁官　非常の事態に対処するため一時的におかれた官職。元老院の要請にもとづいて指名され、自らは下僚として騎兵長官を指名した。その命令権はコンスルよりも上位とされたが、課された任務をはたすとすぐに辞職し、任期が六カ月をこえることはなかった。これがおかれたのは前二〇二年が最後で、のちにスラやカエサルがつく独裁官職は、名前は同じでも性格が異なる。

バルベリーニのトガートゥス(ローマ、カピトリーニ博物館、モンテマルティーニ館蔵)　ローマの貴族は高位の官職について国家に貢献した祖先のマスクを保管した。左の図のトガートゥス(トガを着たローマ市民)が両手にもつ胸像のあいだには血縁関係が認められる。トガートゥス自身の頭部は別の古代の頭像で補われているが、祖父と父の栄達を誇るローマのパトリキの立像かもしれない。

ティベリウス帝の凱旋式を描く杯(パリ、ルーヴル美術館蔵)　七九年のヴェスヴィオの噴火で埋没したヴィッラから出土。

▼ケントゥリア民会　ケントゥリアと呼ばれる市民の小集団を投票単位とする民会。ローマ市民は財産額に応じて階級に分けられ、さらに各階級内のケントゥリアに配属されていた。階級に割り当てられたケントゥリアの数は階級を構成する市民の数には対応せず、富裕な市民ほど有利な構成になっていた。ローマにはケントゥリア民会のほかに、各市民が登録されている地区(トリブス)を投票単位とする民会(トリブス民会)もあった。

における勝利、そしてその証である凱旋式の挙行が求められた。とくに凱旋式は、最高位の官職を極めた人にとっても最高の栄誉であり、元老院のなかで大きな威信をえるためにも重要だった。

三番目に力をもったのは人的関係である。貴族が下層の人々とのあいだに張りめぐらしていた庇護関係をクリエンテラと呼ぶ。クリエンテラ関係はローマ社会に古くから存在し、前五世紀中葉に起草された十二表法でも主人(パトロヌス)と庇護民(クリエンテス)双方の義務が規定されていた。共和政の末期には、古い時代にみられたような固定的な庇護・従属関係は解放奴隷と元主人のあいだを除けばもはや存在せず、クリエンテラ関係は流動的でゆるやかなものになっていたが、警察制度や社会保障制度が整わないなか、強者の庇護に頼ることは、弱者にとって少しでも安全に生き、また自分たちの階層のなかで優位に立つため必要なことには変わりがなかった。下層民とはいっても、市民であるからには民会に出席して票を投じることができる。したがって貴族の側でも、できるだけ多くの庇護民をかかえることは権勢の証であるとともに、選挙対策としても重要だった。しかし構成が富裕者に有利なケントゥリア民会▲で選出される高位の官職をえるには、なんといっても貴族仲間の支持が必要だった。ローマ人は、貴族同士の親密な関係を「友人関係」という言葉で表現したが、ローマ社会は本質的にタテ社会であり、友人関係にも上下の関係が隠されていた。目上、同等、目下の違いを問わず「友人関係」を築くうえで威力を発揮したのは、被告あるいは原告のためにおこなう法廷での弁論と、借金で首がまわらなくなった人に対する経済的支援だった。前者で人的関係を築いたのはマルクス・トゥリウス・キケロ、後者に長けていたのはカエサルである。カエサルはガリアの総督として巨万の富を積み、経済的に行き詰まった貴族に金を贈ってローマの政争で彼らの支持をえようと努めた。

金が選挙戦を勝ちぬくうえでも必須だったことは、共和政期のローマでも変わりがない。政界での活躍を志す若い貴族がついた栄職の一つにアエディリス▲があった。アエディリスは祭の日のルーディー（演劇と競技）開催に責任を負い、そのための経費を国庫から支給されたが、野心あふれるアエディリスは、さらに多額の私財を投じて耳目を驚かせる見世物を提供した。しかし選挙対策としてもっとも効果的な金の使い道はなんといっても買収である。買収は共和政末

▼**アエディリス**　もともとプレブスがアウェンティヌス丘の神殿と祭儀のために選出した役職。リキニウス＝セクスティウス法が成立した年、パトリキとプレブスの和解を感謝する祭（「最大の祭」）の開催をパトリキの青年たちが引きうけたことから、新たに二名のアエディリス職が設けられた。このアエディリスは高等アエディリスと呼ばれ、以前からあった平民アエディリスと区別される。

期には日常茶飯事になっていて、各地区（トリブス）には買収目的の金を配る役さえ存在した。

共和政と属州統治

ローマの貴族たちが選挙戦を勝ちぬくには多額の金を必要とした。しかし彼らは不動産は所有していても、かならずしも十分な額の現金をもっていたわけではない。そこで必要な金を工面するため借金に頼ることが多かった。しかし借りた金は返さなければならない。それでは彼らは、どのようにして借金を返済したのか。そこには属州統治のシステムが深くかかわっていた。ローマは第一回ポエニ戦争のあと、シュラクサエのヒエロン二世▲の領土を除くシキリア（シチリア）島を獲得し、さらにカルタゴの内紛に乗じてサルディニア（サルデニャ）とコルシカの二島も併合した。これらはイタリア半島と違って直接ローマの支配に服し、納税の義務を負う土地とされたため、恒常的な統治システムの導入が新たに必要となった。そこでローマは前二二七年にそれまで二名だったプラエトル▲の数を倍増し、増やした二名にそれぞれサルディニア＝コルシカと、

▼ヒエロン二世（前二七一頃〜前二一六）　シキリアの都市シュラクサエの僭主。シキリアにおけるカルタゴの軍事行動に参加したが、逆にローマに包囲され、シュラクサエは事実上ローマの属国となった。第一回ポエニ戦争ではヒエロン二世はローマに対する忠誠を守ったため、ローマは彼の領土の独立を認めたのである。

▼プラエトル　年代記に伝わる伝承によると、リキニウス＝セクスティウス法が成立したときパトリキへの代償として設けられた職。最初は一名だったがのちに増員され、またプレブスにも就任が認められるようになった。「法務官」と訳されることもあるが、職務は司法にかぎられないので、原語をそのまま用いる。

シキリアの統治を担当させることにした。これら海外のローマ領は、もともと官の職務領域を意味した言葉をそのまま用いてプロウィンキアと呼ばれたが、日本語では属州と訳される。属州の数はローマの覇権が地中海周辺に拡大するとともに増加し、ルキウス・コルネリウス・スラ▲が官職制度と帝国統治を改革した前八〇年代の終わりには一〇に達していた。

もともとローマの官は、ローマの市域内では同僚制と護民官▲の拒否権によって職権の恣意的な行使を制約されていた。しかし属州に派遣された総督はこうした制約を受けず絶対的な支配者として振る舞えたので、属州民に対する不当な金品のとりたて（以下、「不法取得」という）と戦争にともなう略奪で巨万の富を築くことができた。これにより彼らはこれまでの借金を返済するとともに、将来さらに高位の官職をめざすための資金を懐にしたのである。総督やその随員がおこなう不正な徴発に対して、属州民の側には、ローマの貴族を代理人に立てて元老院に陳情をおこない、損害の回復を求める道はあった。こうした訴えがあると、元老院は原告の訴えを認めて査問委員会を設置するか否かを審議した。しかし加害者が元老院議員、あるいは元老院議員と極めて近い関係にあ

▼ルキウス・コルネリウス・スラ（前一三八頃〜前七八）　マリウス＝キンナ派との闘争に勝利したあと、前八二年に独裁官となり、伝統的な元老院支配の復活をめざした改革を断行した。左の図はクィントゥス・ポンペイウス・ルフスが発行したデナリウス銀貨（前五九年頃）の裏面で、スラの横顔を描く。右端の銘は、縦にSULLA CO(n)S(ul)（スラ、コンスル）と書かれている。

▼護民官　おそらく身分闘争のなかで生まれたプレプスの役職。プレプスだけが就任でき、その身体はプレプスの誓いによって神聖不可侵とされた。身分闘争終結後は元老院支配の一翼を担うようになるが、共和政の末期に民会に依拠して自らの政治的野心の実現をめざす一部の貴族が利用するようになると、その「革命性」が復活した。

る人々だったので、結局のところ元老院から公正な対処を求めることは難しかった。

　しかし属州総督による不正行為があまりにも度をこえると、元老院としても属州統治上これを看過できなくなる。そこで前一四九年に不法取得返還訴訟を専門にあつかう常設の査問所が設置された。つまりあらかじめ陪審審判人となる者のリストをつくっておき、不法取得返還の訴えがあると、リストのなかから担当する陪審審判人を選んで、プラエトルによる訴訟指揮のもと、彼らに判決をくださせる制度が導入されたのである。これにより、元老院議員の私的な思惑から属州民の訴えが門前払いされることはなくなったが、陪審審判人も元老院議員だったので、依然として被告との個人的な関係が判決に影響を与えることは避けられなかった。しかも陪審審判人の候補リストには実際の審判人の数よりも多くの者の名を登録しておく必要があるが、元老院議員は三〇〇名にすぎず、リストの作成には困難がともなった。こうした欠陥をただすため、ガイウス・グラックス▲は陪審審判人の選出母体を、元老院議員以外の富裕層に求めた。そのさい彼は、これらの人を一つのまとまった集団（騎士身分）として財

▼ガイウス・グラックス　独立自営農民層の再建をめざして虐殺された兄ティベリウス（前一三三年の護民官）の遺志を継いで護民官となり（前一二三、前一二二年）、さらに広範囲にわたる改革を断行したが、オプティマテスの反撃を受け、命を落とした（前一二一年）。

産額で定義したらしい。ところが、元老院議員身分に禁じられていた属州での徴税請負などの経済活動をおこなっていた彼らは、元老院議員身分と利害が一致せず、両者の間に激しい確執を生むことになった。そしてこれ以降、不法取得返還訴訟の陪審審判人の構成は、元老院に結集するオプティマテスと、その列から飛び出て民会を拠り所に自らの政治的野望をとげようとする人々（ポプラレス）とのあいだで争われる政治的テーマの一つとなった。カエサルが生きた時代は、都市国家の制度を前提とするローマの共和政と地中海をほぼ包含するようになった帝国の統治とのあいだに生じた矛盾が、どうしようもないほど深刻化していたのである。

②—歴史の舞台への登場

生い立ち

カエサルの生年▲を伝える史料はない。ただし、彼は前四四年三月十五日に暗殺されたとき享年五六歳だったと伝えられるので、ここから逆算して前一〇〇年の生まれとする研究者が多い。しかし前一〇〇年に生まれたとすると、彼が前五九年一月にコンスル職についたときの年齢が四一歳となり、コンスルに就任できる年齢を四三歳に定めたスラの規定に反する。このため生年を二年早める説もあるが、おそらくスラの規定はなんらかの例外（パトリキの特権？ あるいは軍事的功績のあった者への褒賞？）を認めていたのだろう。カエサルの属したユリウス氏は古く貴い血筋を誇るパトリキ氏族だが、ローマの政界では比較的影が薄い存在だった。父ガイウスは前九二年頃にプラエトル職、ついで属州アシアの総督職を務めたあと、前八五年にイタリアのピサエ（ピサ）で亡くなっている。カエサルには二人の姉妹がいたが男の兄弟はなかったため、弱冠一六歳でユリウス・カエサル家の家督を継ぐことになった。

▼**カエサルの生年**　カエサルは七月の生まれなので、前一〇〇年が誕生の年だとすると、享年は五五歳となるが、ローマ人は数を数えるとき始まりを加えるのを常とした。本書では、年齢をあげるときは原則としてこのローマ人の慣習に従う。

カエサルは前七七年にスラ派の大物政治家を属州での不正取得の廉《かど》で告発し、一流弁論家としての評価をえた。ちなみに時の有力者の告発は、自らの技量をアピールするために新進気鋭の若手政治家がしばしばおこなったところである。もちろんこうしたやり方は、告発された人物の怒りをかうことにもなる。カエサルも告発した政治家からの意趣返しが懸念されたし、さらに修辞学を極めて弁論に磨きをかける目的もあって、前七五年に彼はロードス島への留学を決意した。当時ロードスは、アテナイやアレクサンドリアと並んで学問教育の中心地だったのである。ところが小アジアのミレトスを出たところで、キリキアの海賊にとらえられてしまう。海賊が身代金として二〇タラントンを要求すると、彼は、俺を誰だと思っているのだといって、自らこれを五〇タラントン(三〇万デナリウス)に釣り上げたという。プルタルコスの伝える話の真偽のほどはわからないが、いずれにせよ金策のために同伴の友人や奴隷を小アジアの海岸諸都市に派遣し、四〇日近く拘束されたあげく身代金を支払って解放された。しかし、自由の身になるとただちに艦隊を仕立てて海賊を追跡し、彼らと一戦をまじえて何艘かの船を拿捕《だほ》した。そしてこのとき捕虜にした海賊はすべて磔刑に処したと伝えられる。

政治上の立ち位置

カエサルの最初の妻はルキウス・コルネリウス・キンナ▲の娘コルネリアで、彼女とのあいだに一人娘ユリアをもうけた。父方の叔母ユリアは、ユグルタ戦争（前一一一〜前一〇五年）でローマに勝利をもたらし、ついでゲルマン人を伐って北方の脅威をおさめたガイウス・マリウス（一七頁参照）の妻だった。彼女が前六九年に亡くなったとき、当時クワエストル▲だったカエサルは中央広場（フォルム・ロマーヌム）で彼女のために追悼演説をおこない、彼女の母方（マルキウス・レクス氏）はローマ四代目の王アンクス・マルキウス▲によって創始され、父方（ユリウス氏）はウェヌス女神に遡る、と彼女の血筋の高貴さを讃えた。ユリウス氏は、トロヤの英雄アエネアス（アイネイアス）とクレウサの子ユールス（アスカニオス）に始まるとされる。アエネアスの父アンキセスは、女神ウェヌス（アプロディテ）と交わってアエネアスをえたが、このとき、人の身でありながら神を見たため視力を失ったという。スパルタ王メネラオスの妻ヘレネとト

▼ルキウス・コルネリウス・キンナ　パトリキ氏族の出だが、同盟市戦争（前九一〜前八九年）以前の経歴は不明。同盟市戦争に軍団副官として従軍したあと、前八七年のコンスルに選出された。

▼クワエストル　政界での活躍をめざす貴族がまず務めた下位の官職。二〇名はローマにとどまって国庫を管理し、残りはイタリアの港市での任務を担当するか、属州や戦場に派遣される総督や将軍の下僚となった。「財務官」と訳されることもあるが、本書では原語を用いる。なおカエサルは遠ヒスパニア総督のもとに配属されたので、叔母の追悼演説は属州に赴任する前のことである。

▼アンクス・マルキウス　二代目の王ヌマ・ポンピリウスの娘の子。三代目の王トゥッルス・ホスティリウスの死後、民会で王に選出されたと伝えられる。伝承はさらに、ティベリス川の河口近くに市民を入植させてオスティアを築いたと語るが、現在のオスティアの遺跡には王政期の痕跡は残らない。

ロヤの王子パリスの駆け落ちが原因で始まったトロヤ戦争は、ギリシア軍が一〇年間の攻囲の末にトロヤを陥落させて終わる。彼らはトロヤの男性をすべて殺し、女性は奴隷として故郷に拉致した。しかしアウグストゥスの時代のローマの歴史家リウィウスによると、このときアエネアスとアンテノルの二人は、ギリシア人と賓客関係を結んでいたからか、それともヘレネの返却を常々主張していたためか、ギリシア人の報復をまぬがれたという。その後二人は流転の末、アンテノルは北イタリアでウェネティ族の祖となり、アエネアスは中部イタリアのラティウムに都市ラウィニウムを築いた。さらにアエネアスの死後、子のアスカニウス(アスカニオス)がアルバ山の山麓にアルバ・ロンガを築く。そして、ローマを建設したロムルスとレムスの兄弟は、このアルバ・ロンガの王家の血を引くと伝えられる。

カエサルの演説は叔母を追頌《ついしょう》するかたちをとってはいるが、これがカエサル自身の血筋を誇る政治的なデモンストレーションだったことはいうまでもない。妻と叔母を介したキンナおよびマリウスとの結びつきは、ローマ社会とその政治における若きカエサルの立ち位置を決定づけた。

トロヤから落ちのびるアエネアス（ポンペイ、壁画）　アエネアスは父アンキセスを肩にのせ、息子アスカニオス（ユールス）の手を引いている。

●カエサルの家系図

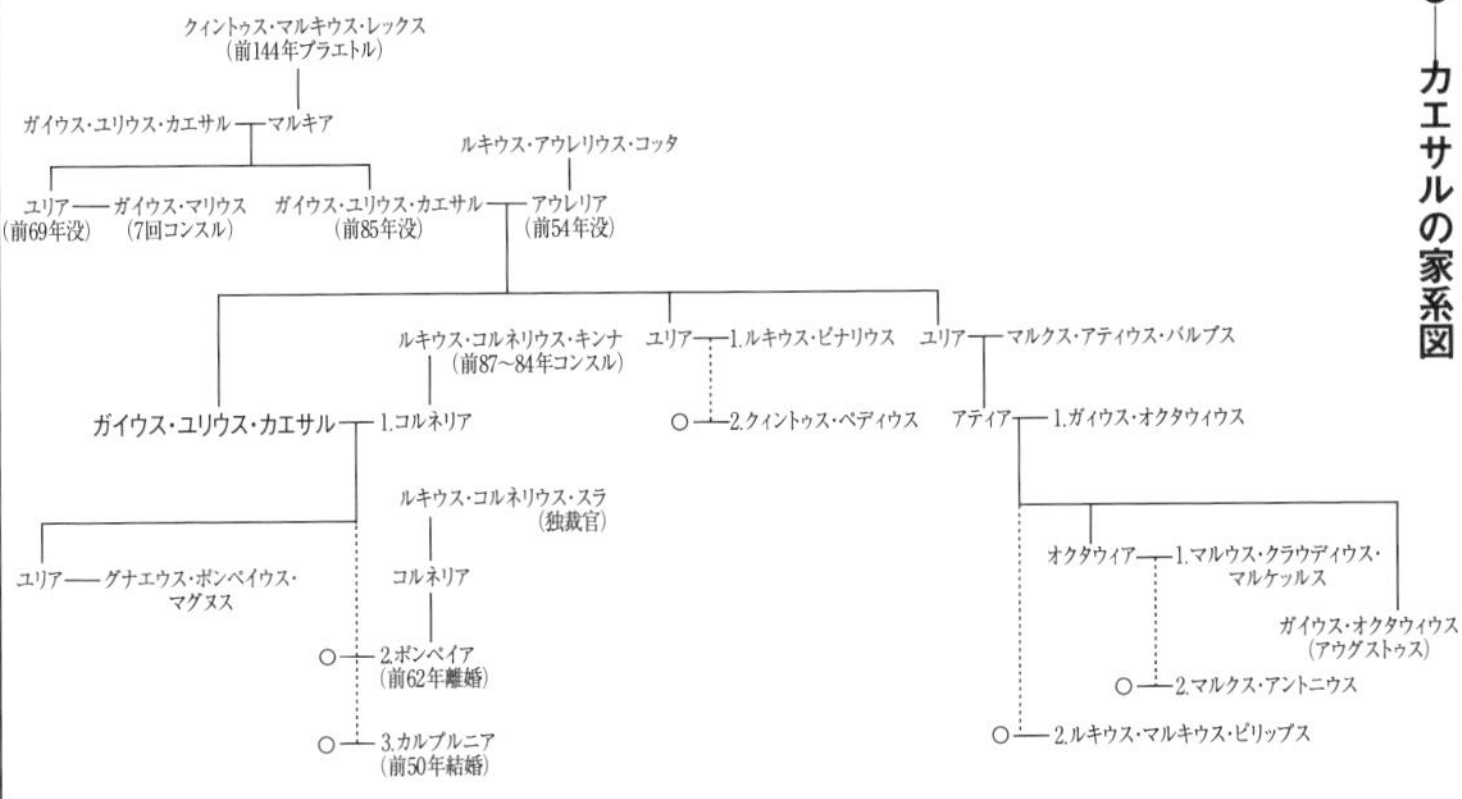

＊人名の前の数字は，結婚した順番を示す

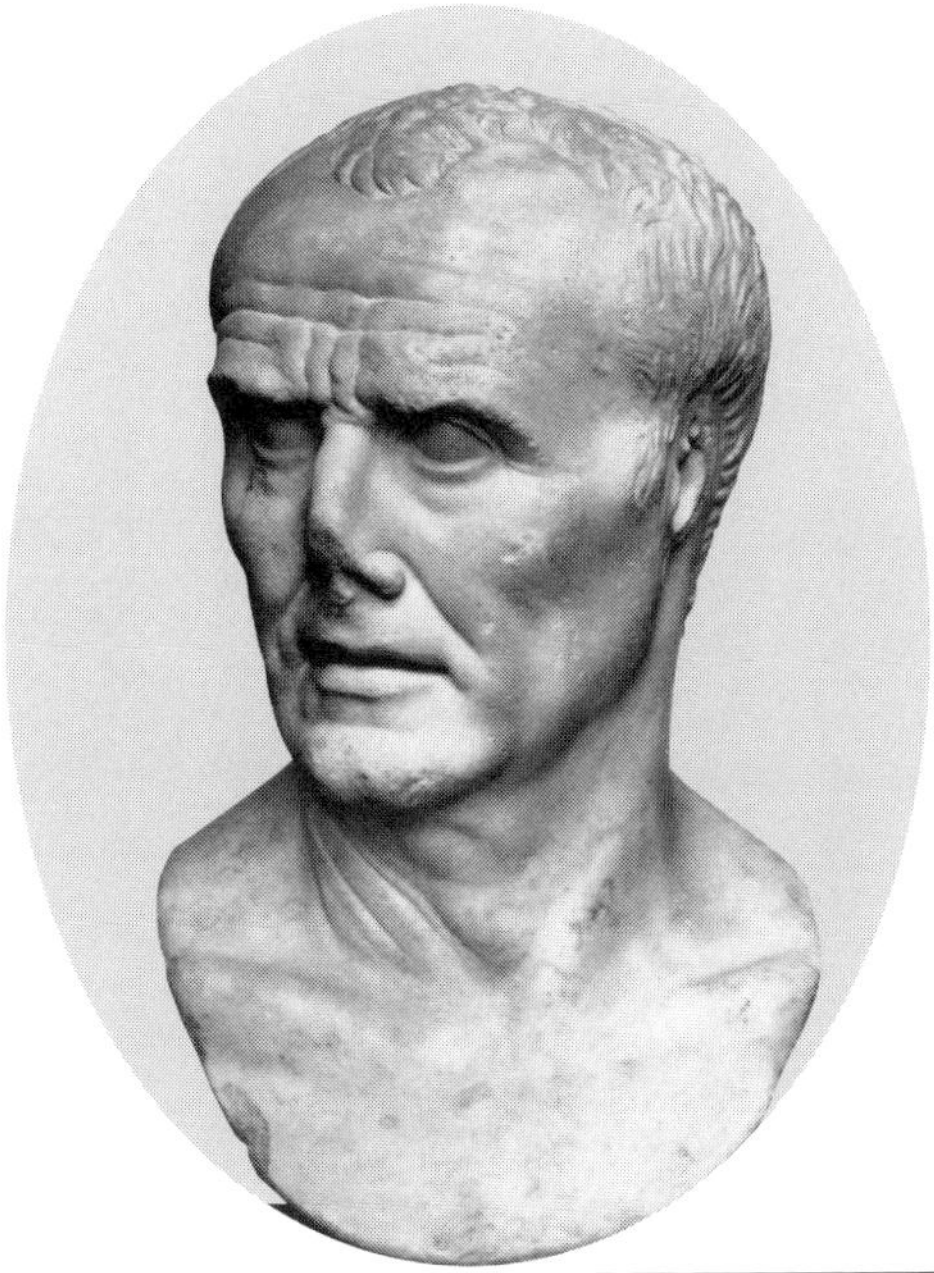

●（伝）**マリウス**（ミュンヘン、グリュプトテク蔵）　マリウスはキケロと同じアルピヌムの出身で、祖先にローマの政界で活躍した人をもたない「新人」である点も、キケロと同じだった。ただし、才能と人となりはまったく異なる。マリウスはもっぱら軍人としての素質を駆使して栄達を遂げ、七回コンスル職を務めた。

カエサルが子供の頃、ローマは有力政治家の血生臭い権力闘争で明け暮れていた。争いは、ポントス王国▲の王ミトリダテス(ミトラダテス)六世との戦争(第一回ミトリダテス戦争▲、前八九〜前八五年)の指揮権をめぐるスラとマリウスの対立から始まった。元老院はこの戦争の指揮を前八八年のコンスルだったスラに委ねたが、これをマリウスに移す法が護民官によって民会に上程される。そこでスラは軍隊を率いて都市ローマを攻撃、これを制圧した。反対派を粛清して自らの支配体制を整えたあと、スラはミトリダテス戦争を指揮するため東方に向かったが、アフリカに逃亡していたマリウスがその間に帰還、キンナと結んでスラ派を撃破し、権力を掌握する。その後まもなくマリウスは亡くなるが(前八六年)、キンナは前八四年に反乱軍によって殺害されるまで連続してコンスルとなりローマを支配した。こうしたイタリア半島の政情に不安をいだいていたスラは、前八五年にミトリダテス六世と和約を結びローマに帰還する。そして敵対する勢力をふたたび粛正したあと、独裁官(前八二〜前七九年)として一連の改革を断行した。彼の改革は、護民官の権限と政治的影響力を削減し、元老院を中心とした支配体制の強化をめざす点で復古的な性格が強いが、都市

▼ポントス王国　黒海南岸にあった王国。

▼第一回ミトリダテス戦争　ミトリダテス六世は、同盟市戦争のあいだにビテュニアとカッパドキアを併合、小アジア西部におけるローマの覇権を崩壊させた。彼は小アジアに住むローマ人とイタリア人を虐殺させ、一時はギリシアの大部分を席巻するが、スラの指揮するローマ軍によって小アジアに押し返され、前八五年、小アジアで征服した土地の返還と賠償金の支払いなどを条件に和平を結ぶことを余儀なくされた。左の図はテトラドラクマ銀貨に描かれたミトリダテス六世。

国家の制度では担いきれなくなった帝国統治の現状を踏まえたものでもあった。元老院議員の定員を倍の六〇〇名にしたこと、クワエストルとプラエトルの定員を、それぞれ二〇名と八名に増員したこと、プラエトルは在任中はローマで司法関係の業務に従い、任期を終えたあとプラエトル代理▲として属州に赴任するよう定めたことなどは、こうした認識にもとづく改革といえる。

独裁官となったスラは、キンナの娘と結婚していたカエサルに離婚を強く迫ったが、カエサルはこれをかたくなに拒んだためにマリウス派とみなされ、財産を剥奪された。危険は身体にまでおよび、カエサルはマラリアに苦しみながら追っ手を逃れて毎晩のように隠れ家を変える日々を送ったと伝えられる。結局はウェスタの巫女▲たちや親族縁者のとりなしによってスラの赦しをえられたが、カエサルは、このあともマリウスとの結びつきを誇示することをやめず、叔母のユリアの葬儀ではスラの禁令に反してマリウス父子の肖像を葬列に持ち出した。また前六五年にアエディリス職につくと、かつてスラが破壊していたマリウスの戦勝記念碑を再建した。

▼プラエトル代理　官の任期は原則一年にかぎられていたが、前三二六年、前年コンスルの命令権を任期終了後も延長し、コンスル代理として戦争の指揮を継続させる事例が発生した。これ以降、任期制の制約を克服したり官の不足を補うため、命令権を官職から切り離して官代理に戦争指揮や属州統治にあたらせることが一般化した。

▼ウェスタの巫女　ウェスタ女神の化身である神聖な火を守り、公の供犠で用いるモラ・サルサ（粗挽きの大麦に塩をまぜたもの）を準備した女性の神官。三〇年の任期中は処女性を守り、共同生活をいとなんだ。左の図はローマ、フォロ・ロマーノにあるウェスタの神殿跡。

カティリーナ陰謀事件

若い頃のカエサルは、つねにしどけなく女性的な身なりをしていたために伝統的なローマの価値観を重んじる貴族たちの反感を買い、彼らに警戒心を植えつけたと伝記作家は伝えている。そのためもあってか、当時のスキャンダラスな事件への関わりをおおいに取りざたされた。

事件は、ルキウス・セルギウス・カティリーナという人物によって引きおこされた。この事件を直接あつかった史料としては、サルスティウス▲の短編とキケロのカティリーナ弾劾演説▲が残る。このほかにもキケロは陰謀を未然に防いだことを自分の手柄として誇り、他の演説や書簡のなかでも折にふれてこれに言及しているし、のちの時代に書かれた通史や伝記でも語られている。それゆえ、史料が少なすぎるということはないが、そこには少数の当事者だけしか知りえないはずのことが語られ、また明らかな噂もまじっているので、信憑性の判断が難しく史実の再構成は難しい。ここではわかる範囲で事件の概要を記しておく。

カティリーナが属したセルギウス氏は共和政の初期に活躍したパトリキ氏族

▼ガイウス・サルスティウス・クリスプス　カエサルが新設した属州アフリカ・ノワ（新アフリカ）の初代総督。前四五年に帰国後、不法取得の罪で告訴された。カエサルの介入で無罪となったが政界を引退、歴史家に転じた。

▼カティリーナ弾劾演説　出版された『カティリーナ弾劾演説』は四つの演説からなるが、実際に元老院でおこなわれたのは第一演説のみ。

▼農村地区（トリブス）　カエサルの時代、ローマの市域は四つのトリブスから成り、それ以外の国土（便宜上「農村部」という）は、三一のトリブスに分かれていた。そのためトリブスは「地区」と訳されるが、ローマ市民の登録単位でもあったので「原籍区」と訳されることもある。トリブスの数は、前三世紀の後半に三五に固定されるまで、ローマの国土の拡大とともに漸次増加した。伝承で知られる最古のトリブスは市域の四トリブスと、それを取り囲むようにして存在した一七の農村トリブスである。トリブスには名称がついていた。最古の農村トリブスでみる

で、最古の農村地区（トリブス）に名前を与えた一〇氏族の一つである。しかしカティリーナの頃には凋落し、高位の政務官を久しく出していなかった。そうしたなかスラの恐怖政治に乗じて一財産築いたカティリーナは、前六八年にプラエトル職をえたあと、さらに前六五年のコンスルをめざして選挙に立候補を試みる。しかし属州アフリカに総督として赴任していたあいだの不正を訴えられ、その裁判が迫っていたためとも、帰国が立候補の受付期間に間に合わなかったからだとも伝えられるが、いずれにせよこのときは立候補がかなわなかった。翌年の選挙も不法取得返還訴訟が係争中のために立候補できず、前六四年にようやくカティリーナは選挙戦に打って出る。彼はガイウス・アントニウスと選挙協力を結び、富豪で知られるマルクス・リキニウス・クラッススとカエサルの支援を受けたが、オプティマテスはカティリーナを嫌って新人のキケロを支持したので、キケロの当選がまず決まり、残るポストにはアントニウスが選出された。落選の憂き目にあったカティリーナは前六三年の選挙に再起を期するが、彼が既存の所有関係を破壊するのではないかと恐れた元老院議員や騎士たちに妨げられてふたたび落選、しかも放蕩生活で財産を使いはたし、莫大

と、一〇トリブスはパトリキ氏族の名前、一つは明確に地名に由来する。残りの六トリブスについては、王政期に存在した氏族の名前に由来するという説と、地名に由来させる説がある。

▼前六五年のコンスル　コンスルの選挙は前年の夏におこなわれたので、前六五年のコンスルは、前六六年に選出された。

▼クラッスス（パリ、ルーヴル美術館蔵）　クラッススは、独裁官スラが報復のためにおこなった政敵からの大規模な財産没収に乗じて巨大な富を蓄積し、「ディウェス（金持ち）」と渾名されるまでの大富豪となった。

な負債の支払期限が迫っていた。そこで似たような境遇の貴族たちとはかってキケロをはじめとする要人の暗殺を企てる。しかしクーデタの計画は発覚、カティリーナはエトルリアに集結していた反乱軍のもとに走ったが、ローマにとどまった共犯者五名が陰謀の確実な証拠をつかんだキケロによって逮捕され、元老院決議にもとづき即刻処刑された。そしてカティリーナ自身も元老院が送った討伐軍と戦って戦死し、翌前六二年のはじめに陰謀事件は終わるのである。

カティリーナ陰謀事件とカエサル

カティリーナは前六三年以前にもクーデタを試みたという伝承がある。カティリーナが立候補の受理を拒まれた前六六年の選挙でコンスルに選出された二名は、就任前に選挙違反で訴えられ、有罪の判決を受けた。そこで彼らを告発した人たちがかわって前六五年のコンスルになるのだが、コンスル職を奪われた二人はカティリーナと結託して新コンスルの殺害を計画したという。いわゆる一回目のカティリーナ陰謀事件で、スエトニウスによるとこの陰謀は、単にコンスル職を追われた二人の復権だけでなくもっと大きな政変をめざし、しかも真の首謀者はクラッススとカエサルだと伝える人がいた。混乱に乗じてクラッススとカエサルがそれぞれ独裁官と騎兵長官になり、都合の良いように国家の体制をつくりかえるのが目的だった、と。しかしこの陰謀事件の史実性は疑わしい。もし仮にこうした陰謀があったとしても、カエサルの関与は、彼に敵対する勢力から流された中傷に由来すると考えて、おそらく間違いない。

サルスティウスによると、前六三年十二月の元老院で、キケロが逮捕した陰謀の首謀者のあつかいを元老院にはかったとき、翌年のプラエトルに内定していたカエサルは、先例にのっとって処刑はせず、財産の没収とイタリアの地方都市への幽閉にとどめるべきだと提言した。同席した多くの議員はカエサルの意見に賛同したが、マルクス・ポルキウス・カトー▲(小カトー)が反対演説をおこなって彼らに考えを翻させ、結局は処刑が決議されたという。サルスティウスはカエサルの提言に彼のおだやかな人柄と情の厚さを読み取っているが、カトーは反対演説のなかでカエサルを共犯者あつかいした。またカエサルとクラッススはこの陰謀について知っていたという噂もあったらしい。だが死刑に反対したこと以外に、カエサルが陰謀にかかわっていたことの確たる証拠があっ

▼マルクス・ポルキウス・カトー（前九四〜前四六）　同名の曾祖父と区別して小カトーと呼ばれる。ストア派の哲学に親しみ、質実剛健な古のローマ人の気風を体現する人物として知られていた。ローマの共和政を守るため最後までカエサルと敵対したが、その思考は柔軟性を欠き、必要なときにも妥協ができなかった。

レギア（王宮）**跡**（ローマ、フォロ・ロマーノ）　ヌマ王の住居だったと伝えられ、共和政期には大神祇官がここで執務した。

たかは疑わしく、結局のところカエサルに対する嫌疑は、どれも彼の政敵がさかんにおこなっていた中傷に由来するようだ。いずれにせよこのエピソードは、カエサルに対して強い敵意と警戒心をもつ元老院議員が多数いたことを端的に示している。カエサルはこの年、前任者の死で空席となった大神祇官に選出されていた。これはローマでもっとも権威のある神官職で、コンスル職を経験した高名な元老院議員のなかから選出されるのを常としたが、カエサルは莫大な借金をして票を買収し、目的をはたしたという。選挙の当日彼は母親に、大神祇官になるか亡命者になるかだといって家を出たと伝記作家は伝えている。まだプラエトルにもならない身で老練政治家を相手に戦いをいどんだのはいかにもカエサルらしいが、政争に勝つためたくみに金を投じる手管もカエサルの十八番だった。いずれにせよ、本命視されながら若造に出し抜かれた有力議員はもとにより、伝統的な元老院による集団的支配体制の維持をめざす人々が、こうしたカエサルの振る舞いに反感と警戒心を強めたであろうことは想像にかたくない。

●――**元老院の議堂**（クリア・ホスティリア）　中央広場（フォルム・ロマーヌム）の北側に建つ元老院の議堂（左図、右）。もともとの建物はトゥッルス・ホスティリウス王が建設したとされるが、その後何回か建てかえられた。現在のクリアは一九三七年に修復され、ディオクレティアヌス帝が火災のあと再建した姿を再現する。下の図は議堂の内部。

③—最高位の顕職をめざして

猟官

カエサルは前六九年のクワエストル職を皮切りに、高等アエディリス職(前六五年)、プラエトル職(前六二年)と栄職の階梯▲を登り、前五九年に最高位の官職であるコンスル職を極めた。古代ローマでは聖と俗のあいだに明確な境がなく、多くの有力政治家は神官職をかねていたが、カエサルは弱冠一四歳でユピテル祭司▲に指名されている。もっともこれはカエサル自身の意志というより、マリウスとキンナがパトリキだった彼を、前八七年に自殺したユピテル祭司の後任にすえようとしたのだろう。スラがマリウス派との内乱を制して政権を握ると、カエサルはこの神官職を剥奪される。とはいっても、ユピテル祭司はタブーに縛られた生活を送らなければならず、将軍や政治家として華々しい成功をおさめる道が閉ざされていたので、この神官職の剥奪は、カエサルにはかえって好都合だった。前七三年に神祇官の一名が他界すると、カエサルはその後任に選出され、また前章で述べたように前六三年には、強引なやり方ではあっ

▼栄職の階梯(クルスス・ホノルム)　カエサルの時代、栄職(ホノル)のあいだでつく順番(クワエストル、アエディリス、プラエトル、コンスルの順)とつける年齢(クワエストル三一歳以上、アエディリス三七歳以上、プラエトル四〇歳以上、コンスル四三歳以上)が決まっており、しかも次の栄職につくまでに二年以上をおかなければならなかった。ちなみにカエサルは、クワエストルには三一歳で就任したが、アエディリスからは、それぞれの職に二年早くついている。

▼ユピテル祭司(フラメン・ディアリス)　ユピテル神を祀る神官。マルス神を祀るフラメン・マルティアリス、クイリヌス神を祀るフラメン・クイリナリスとともに、三大フラメン(祭司)を構成する。就任できるのはパトリキだけで、妻もパトリキでなければならなかった。富裕な騎士の娘と婚約していたカエサルは、フラメン・ディアリスに指名されたあと婚約を解消し、パトリキであるキンナの娘と結婚した。

グナエウス・ポンペイウス・マグヌス（コペンハーゲン、ニイ・カールスベルク・グリュプトテク蔵）

たが大神祇官の地位をえた。つまりカエサルは栄職の階梯を規則どおりに登り、神官職についても、元老院議員がめざす栄誉を求めた。そうした意味で、少なくともコンスル職にいたるまでのカエサルは、共和政の伝統を破壊して権力を追い求めたとはいえないだろう。これに対し、カエサルと最高権力者の座を争うことになるグナエウス・ポンペイウス・マグヌスは、最初からまったく異例の経歴をたどった。

ポンペイウスは前一〇六年九月の生まれだから、カエサルより六歳年長ということになる。前八三年の春、弱冠二三歳で私的に徴募した三個の軍団▲を率い、ミトリダテス戦争からイタリアに帰還したスラのもとへ馳せ参じた。ついでシキリアとアフリカで戦争を指揮して、前八一年に凱旋式をおこなう栄誉を授けられる。当時彼はまだ官職についておらず、元老院議員ではなかったので、これは異例中の異例だった。そのあとも彼は下位の官職や元老院での活動を経験することなく、もっぱら将軍として活躍し、前七〇年に同じくスラの子分だったクラッススとともにコンスル職につく。すでに述べたように当時コンスルになれたのは四三歳からだったので、三六歳での就任は若さの点でも異例だった。

▼私的に徴募した軍団　ポンペイウスの父グナエウス・ポンペイウス・ストラボは、前八九年にコンスルとして同盟市戦争の北部戦線で軍を展開し、この地域での戦闘を終結させた。彼はまたピケヌム（イタリア中部アドリア海側の地域）に広大な土地を所有し、多数の庇護民（クリエンテス）を擁していた。ポンペイウスは、これら父のもとで戦った元兵士や父から受け継いだ庇護民から兵を徴募したのである。

このようにポンペイウスの経歴は栄職の階梯から完全にはずれ、オプティマテスが死守しようとしていた共和政の伝統にもとるものだった。にもかかわらず彼らは、カエサルが属州総督となって強力な軍事力と巨万の富を獲得しつつあるのをみると、ポンペイウスを味方に引き込んでカエサルの失墜を画策し、内乱が始まると、彼をリーダーにいただいてカエサルと戦った。彼らは決してポンペイウスを信用していたわけでも、いわんやその人柄に魅せられたのでもない。彼らがポンペイウスを選択したのは、当時のローマ世界でカエサルに対抗できるだけの軍事的才能と経験を有し、また現実に強大な軍事力を擁していた人物は、彼をおいてほかにいなかったからだ。彼らは共和政の伝統に反して栄光を獲得したポンペイウスよりも、これまで共和政の制度のなかで栄達を求めてきたカエサルを恐れ、憎んでいたのである。カエサルに対し癒しがたい嫌悪感をいだいていた人や、彼のなかに共和政の破壊者の影を本能的に感じ取っていた人の数は、オプティマテスのなかでもそれほど多くはなかったかもしれない。しかし彼らの態度は強硬で、他のオプティマテスを巻き込んでカエサルとの戦いへと突き進んでいくのである。

コンスル選挙

話をカエサルの猟官運動にもどそう。カエサルは前六二年にプラエトル職を務めたあと、遠ヒスパニア(ヒスパニア・ウルテリオル)の総督となった。しかし彼に貸した金の返済に不安をいだいた債権者たちが出発を阻止し、クラッススの保証をえてようやく任地に赴任できたと伝えられる。クラッススは、かつてスラがおこなった反対派に対する粛清(プロスクリプティオ)に乗じて巨万の富を築き、金の力で政界に大きな影響力をもつようになっていた。

属州に赴任したカエサルは、当時もなお独立を保っていた部族に対して攻撃をしかけ、莫大な戦利品を獲得した。彼はそれで借金を完済し、しかも属州での職務遂行、有り体にいえば侵略と略奪に対する訴追をまぬがれるために、余剰金を国庫におさめることができたという。ずいぶんとひどい話だが、第一章で述べたように、こうした行為はローマの共和政と属州統治のあり様に根ざしており、なにもカエサルにかぎられたわけではない。

前六〇年の夏、ローマに帰ったカエサルは元老院に対して、ヒスパニアでの戦功を祝う凱旋式の挙行と、代理人を介してのコンスル選挙への立候補を認めるよう求めた。これには少し説明がいる。凱旋式は命令権をもつ将軍だけがおこなうことができたが、カエサルのような官代理（プロコンスル、プロプラエトル）がもつ命令権は、都市ローマの境界線（ポメリウム）▲をこえて市域に入ると消滅した。そこで凱旋式を認められた官代理は市域の外に待機し、凱旋式当日に、市域内で有効な命令権を特別に附与されるのが通例だった。他方で立候補は、本人が選挙の主催者のもとに出頭して届け出た。カエサルは、届け出に関する特例が敵対する勢力の策動で拒否されるとみてとると、ただちに凱旋式をあきらめて市域に入り、選挙の届け出をおこなった。元老院が凱旋式の挙行を認めるのを待って何年も市域の外にとどまる将軍がいたなかで、そのとき自分にとってなにが一番重要かを瞬時に判断し、それをすぐさま実行に移すことができたのは、カエサルの大きな強みだった。

三頭政治の始まり

下馬評では、カエサルの当選はかなり以前から確実視されていたらしい。そこでオプティマテスは全力をあげてカエサルの宿敵マルクス・カルプルニウ

▼都市ローマの境界線（ポメリウム）　都市の内と外を区切る神聖な境界線。ローマ人は都市を建設するさい、エトルリアの儀式に倣って白い牡牛と雌牛に鋤を引かせ、その畝を市域の境界とした。カエサルの時代、ポメリウムはもはや市壁や現実の居住区域とは一致しなかったが、ローマの国制と宗教は市域の内と外を厳密に分けていたので、ポメリウムは依然として重要な意味をもっていた。

ス・ビブルスを支援し、彼を二人目のコンスルに選出させた。ビブルスはアエディリス職をカエサルとともに務め、プラエトル職でもカエサルの同僚の一人だったが、その間、つねにカエサルに敵対した人物である。そのため、コンスル職でも彼の妨害を受けて活動停止に追い込まれるのを恐れたカエサルは、現状に不満をいだいていた二人の権力者、クラッススとポンペイウスと手を結んだ。

穀物供給を海外からの輸入に頼るローマは、地中海に横行する海賊に長年悩まされてきた。しかし前六七年に非常の大権をえたポンペイウスは、わずか四〇日でこれを退治して地中海に安全な航行を取り戻す。続いて命じられたローマの宿敵ミトリダテス六世との戦争も短期間で完全に終結させ、東方におけるローマの支配体制▲を築いたあと、前六一年に彼は帰還した。ローマにもどったポンペイウスは、元老院に三つの要求を突きつける。自分の勝利を祝う凱旋式の挙行が一つ。それに、自分の指揮下で戦った兵士たちへの土地の給付と、東方で自分が築いた体制を元老院が承認することが続いた。このうち第一の要求はすぐに認められ、ポンペイウスは九月に十八日と十九日の二日にわたって盛

▼東方におけるローマの支配体制
将軍が征服した土地にローマの支配体制を築く場合、元老院が派遣する委員とはかりながら事を進めるのが慣例だった。しかしポンペイウスはミトリダテス戦争のあと、元老院が派遣した使節の到着を待つことなく戦後処理を独断で進め、元老院の恨みを買った。

ポンペイウスが東方で築いた支配体制　黒海南岸からシリアまでの海岸地域を属州の鎖でつなぎ、ローマが直接支配するこれらの地域を、北方民族の侵入やパルティアの脅威から守るために藩鎮王国で取り囲んだ。

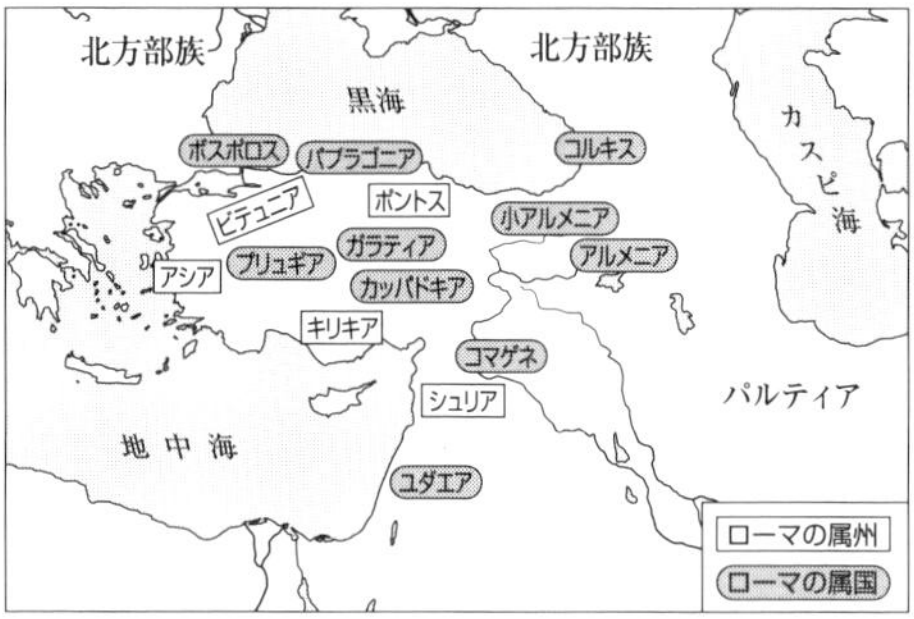

大な凱旋式を挙行する。しかし残りの二つは、一部の元老院議員の激しい抵抗にあって実現の見通しが立たなかった。他方クラッススも、元老院に面目を潰されて恨みを積もらせていた。属州アシアでみこんでいた額の税を徴収できず大きな損失をこうむった徴税請負人たちが、前六〇年のはじめに元老院に対して請負契約の変更を求めたとき、彼らと親しかったクラッススもこの要求をあと押ししたのだが、原則を重視するカトーが元老院を説得して拒絶させたからである。

このようにポンペイウスとクラッススは、ともに元老院に対して不満をいだいていたけれど、武勲でポンペイウスに劣るクラッススは、彼に対して強い恐れと妬みの感情をいだいており、二人は犬猿の仲だった。この二人のあいだを取りもったのがカエサルである。彼は二人にそれぞれの問題の解決を期待させ、国政の運営にあたって三人は、他の二人が不利をこうむらないようにすることを密かに申し合わせた。この密約(いわゆる第一回三頭政治)が成立したのは、前六〇年末か前五九年初頭のことらしい。盟約を強固なものとするため、ポンペイウスとカエサルの娘ユリアの結婚も決められた。

コンスルに就任したカエサルは、まずポンペイウスに対する約束をはたすため、彼のもとで従軍した退役兵に土地を給付する法案を元老院にはかった。もともとローマの軍団は独立自営農民で構成され、兵役につくために必要な財産額が決められていた。しかし第二回ポエニ戦争の頃から兵士の不足に対処するためこの財産額が漸次引き下げられ、前二世紀の終わり頃になると、無産市民から志願兵の徴募が始まった。いわゆる「マリウスの兵制改革」である。これらの兵士は除隊すると生活の資を失うため、将軍は土地法を成立させて除隊後の生活を保障したが、これにより将軍と兵士のあいだの個人的な関係が強まり、軍隊は将軍の私兵のような性格を帯びるようになった。元老院がポンペイウスの要求を拒否したのは、こうした理由による。これに対しカエサルは、ポンペイウスのために作成した法案に社会政策的な意味合いをもたせるため、土地分与の受益者に都市ローマの貧民を含め、分与の対象となる土地はイタリアの公有地とした。公有地以外の土地については、所有者の同意がある場合にのみ、適正価格で買い上げることが明記され、しかもカエサルが最初に上程した法▲では、分与に反対の強かったカンパニアの公有地▲を除外する配慮もなされていた。

▼カエサルの農地法　カエサルが五月に成立させた二本目の農地法では、カンパニアの土地も分与の対象に含まれていた。第二回ポエニ戦争でローマから離反したため共同体を破壊されていたカプアは、このときローマ市民のコロニアとして再建された。

▼カンパニアの公有地　肥沃で国家に多額の賃貸料をもたらしたために、分与の対象にすることには反対する議員が多かった。

▼**不吉な前兆を告げる布告**　ローマの官は、不吉な前兆が観察されると、遂行中の公務を中止した。雷鳴や稲光は一般には瑞兆だったが、民会の開催にとっては不吉な前兆とみなされ、これが観察されると民会は解散させられた。

しかし元老院は法案の内容よりも、これによってカエサルが大きなクリエンテラを築くのを恐れて、現状をいっさい変更すべきでないというカトーの意見に従い法案の承認を拒否する。そこでカエサルは元老院の承認がないままこれを民会にかけ、ポンペイウスの退役兵を動員して成立を強行した。これを阻止しようとして民会の場からたたき出された同僚コンスルのビブルスは、元老院でも積極的な支持がえられず失望して自宅に引きこもり、不吉な前兆を告げる布告▲でカエサルの国政運営を妨げようとするありさまだった。元老院はカエサルの強引な手法にひるんだのか、彼が二人の盟友に約束した残りの案件は容易に処理された。属州アシアの徴税請負額は、徴税請負人たちが最初に請け負った額の三分の二に軽減され、ポンペイウスがミトリダテス戦争の終結後に東方で築いた新たな統治体制についても、これを承認する法が成立した。

カエサルはコンスル在任中にこれら以外にもいくつかの法を成立させている。なかでも不法取得返還訴訟に関するユリウス法は重要なので、一言ふれておこう。属州総督による不正取得が共和政の運営とからんで帝国の深刻な問題の一つとなっていたことはすでに繰り返し述べたが、ユリウス法は不正取得返還訴訟法が対象とする不正行為と人の範囲を厳密に規定し、不正行為に対して従来の法より厳罰を定め、公正な属州統治をめざすものだった。この法案が元老院にはかられると、カトーすらこれに賛成し、なんの反対もなく民会で可決されたという。

コンスル終了後の任地

当時はガイウス・グラックスが成立させた法の定めるところにより、コンスルが任期終了後に担当する職務領域の割り当ては、選挙の前に決められた。前五九年のコンスルはカエサルの選出が確実視されたので、元老院は彼が属州で巨大な権力を築くことのないよう、イタリアの「森林と牧草地」という非常に矮小な職務領域を指定していた。しかし北方の情勢が、大きな活躍の場を求めていたカエサルの願望にこたえることになる。

アルプスの彼方のガリア▲は、ガリア・ナルボネンシス▲(南フランス一帯)を除くとカエサルの時代までローマの支配領域の外にあった。ここでは独立した部族が割拠しており、ローマは有力部族の一つハエドゥイ族▲と友好関係を結んで

▼アルプスの彼方のガリア　イタリアからみてアルプスの彼方、ライン川からピレネー山脈までの地域を、ローマ人は「アルプスの彼方のガリア(ガリア・トランサルピナ)」と呼んだ。今日のフランス、ベルギー、ルクセンブルク、それにオランダとドイツとスイスの一部が含まれる。第二回三頭政治の頃までは北イタリアもガリアで、「アルプスのこちら側のガリア(ガリア・キサルピナ)」と呼ばれた。

▼ガリア・ナルボネンシス　「アルプスの彼方のガリア」のうち地中海岸からレマン湖までは、前二世紀の終わり近くにローマの属州となり、「ガリア・ナルボネンシス」、あるいは単に「プロウィンキア(属州)」と呼ばれた。

▼ハエドゥイ族　ローヌ川上流に住んでいたガリア人の部族。

▼**セークワニ族**　ハエドゥイ族の領土の東に隣接して定住していたガリア人の部族。

ローマの支配領域が外からの脅威にさらされるのを防いでいた。しかし前六二年ころから、この地域の政情が不安定になる。カティリーナの蜂起に呼応して起こったアッロブロゲス族の反乱は、ガリア・ナルボネンシスを統治していたプラエトル代理によって鎮圧されたが、今度はハエドゥイ族がライバル部族のセークワニ族▲に敗れるという事件が起こる(前六一年)。セークワニ族はゲルマン人スエビ族の王アリオウィストゥスをライン川の彼方から招き入れハエドゥイ族に勝ったのだが、戦争のあともアリオウィストゥスは今日のアルザスのあたりに居座り、同族のゲルマン人を呼び寄せて自分たちの国家を築くため、セークワニ族に対して土地の割譲を要求しだした。こうした動きに、今日のスイスに住んでいたヘルウェティイ族も刺激されたらしく、彼らは新天地を求めてガリアへ移住する準備を始める。カエサルは、コンスル職のあと戦争のみこめる属州を職務領域としてえるため、こうした北方情勢の深刻さをことさらに強調して人々の不安をあおり立てた。かくして護民官プブリウス・ワティニウスが、ガリア・キサルピナとイリュリクムをカエサルの職務領域とする法案を、元老院にはかることなく民会へ上程する。法には二つの属州に関する発議と審

●—カエサルの時代のガリアとその周辺　カエサルは『ガリア戦記』の冒頭で、「ガリア全体は三つの地域に分かれており、そのうち一つの地域はベルガエ人が、もう一つの地域はアクイタニア人が、そして三番目の地域は、彼らの言葉でケルタエ人と呼ばれ、我々の言葉ではガリア人と呼ばれる者たちが住んでいる」と記している。地図でハエドゥイ族、アルウェルニ族、セークワニ族、アッロブロゲス族、ヘルウェティイ族はガリア人の部族、ウビイ族とスエビ族はゲルマン人の部族である。

●—カエサルに指定された職務領域　カエサルが統治した属州はイリュリクム、ガリア・キサルピナ、ガリア・ナルボネンシスの三つで、今日のダルマティア海岸から北イタリアをへて南フランスにいたる地域に相当する。

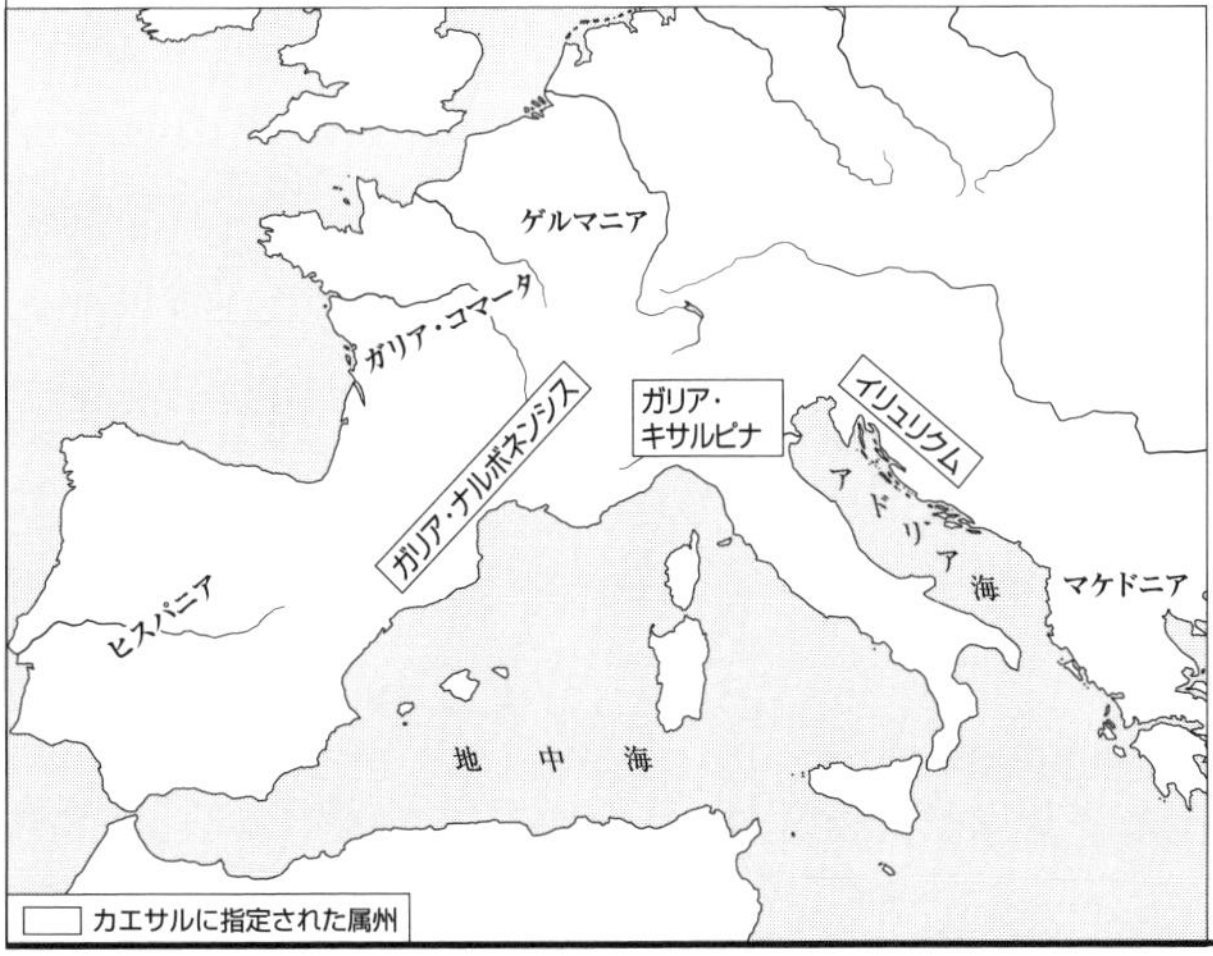

議を前五四年三月一日まで禁じることが明記され、事実上五年間の総督職をカエサルに担保していた。▲これに対して元老院はもはや抵抗をあきらめたようで、前五九年からガリア・ナルボネンシスを統治することになっていた人物が赴任前に急死すると、この属州の統治もカエサルに兼務させるポンペイウスの提案をあっさりと受け入れた。

プブリウス・クロディウス・プルケル

カエサルは、自分がローマ不在のあいだに敵対する勢力が力をえて自分の地位を脅かすことのないよう、プブリウス・クロディウス・プルケルという青年貴族を利用して彼らを押さえ込もうとした。クロディウスは生来の荒々しい性格から元老院の権威をものともせず、ポンペイウスにさえ楯突くことができる男だった。前六二年にプラエトルだったカエサルの家でボナ・デア▲の祭儀がおこなわれたとき、女装して侵入し、カエサルの妻ポンペイア▲との不倫を取りざたされた。翌年クロディウスはボナ・デアの祭儀を冒涜した廉《かど》で訴えられ、法廷でキケロの激しい攻撃を受けたが、陪審裁判人を買収してなんとか有罪判決

▼カエサルの任期　おそらくワティニウス法には「五回目の三月の朔日より前に」という表現が用いられていた。ワティニウス法は前五九年の六月ころに成立したので、五回目の三月は前五四年三月になる。

▼ボナ・デア　イタリアで祀られていた女神。「ボナ・デア（よき女神）」は呼称で、本当の名は不明。ローマでは毎年、高位の官職にある人の妻が主催して、夜に女性だけの祭儀がおこなわれた。しかしボナ・デアには、これとは異なる祭儀もあったらしい。左の図は、ティベリス川河口のローマの植民市オスティアにあったボナ・デアの神殿の一つである。

をまぬがれたといわれる。彼はこのことでキケロをおおいに怨み、彼の宿敵となった。ただ私たちに残されたボナ・デア事件に関する情報は、すべてキケロの証言かクロディウスに敵対する側が流した言説に由来しており、これら一面的な史料に依拠して再構成された話が、どれほど真実に近いかはわからない。

カエサルは、このクロディウスを自分が属州に赴任しているあいだローマの反対勢力を牽制するために利用しようと考えた。この男の利用価値を考えれば、かつて自分の妻とのあいだに立った噂など、どうでもよかったのだろう。カエサルはクロディウスを前五八年の護民官とするために、大神祇官の地位を利用してパトリキだった彼の身分をプレブスに変えさせた。つまりクリア会▲を開いて、彼を、悪意ある表現によれば「本人より若い」プレブスの養子にさせたのである。護民官となったクロディウスは、ローマ市民を不法に処刑した者を処罰する法を成立させる。遡及して適応されるこの法が、コンスルだったときにカティリーナの陰謀に加担した人物を裁判にかけることなく処刑したキケロを狙い撃ちしていることは明らかだった。キケロはポンペイウスに助けを求めたが冷たくあしらわれ、やむなく亡命を決意する。彼がローマを去ったあと、彼

▼ポンペイア　カエサルはコルネリアに先立たれたあと、スラの孫娘にあたるポンペイアと再婚していた。事件のあとカエサルはポンペイアを離縁、理由はと問われると、「私の家族は、告発されて裁判を受けることがあってはならないのと同様に、嫌疑をかけられてもならないからだ」と答えたという。

▼クリア会　最古のローマ市民は三〇のクリア（男子結社）に配属されていたと伝えられる。このクリアを投票単位とする民会がクリア会で、大神祇官が主催した。共和政期には養子縁組の承認などかぎられた案件しか決議せず、カエサルは三〇名の先駆吏（リクトル）にクリアを代表させたと伝えられる。

の追放と財産の没収を定める法が成立した。他方カトーに対しては、クロディウスはもう少し穏便な措置をとった。つまり彼に「プラエトル代理の職権をもつクワエストル代理」という長ったらしい名称の地位を与え、体よくローマから追いはらったのである。彼に課された任務は、エジプト王プトレマイオス十二世▲の弟でキュプロス王だったプトレマイオス▲を廃位し、キュプロスを属州キリキアに併合するという厄介なものだった。「カトーは金にからむことではまったく信頼がおけるから」というわけだ。

キケロとカトーをローマから追いはらうと、クロディウスは攻撃の矛先をポンペイウスに向けるようになる。このとき彼は独自の判断で行動したのか、それともカエサルかクラッススが背後でそそのかしていたのかはわからない。クロディウスの攻撃は執拗で、ポンペイウスは家に閉じこもることを余儀なくされるほどだった。このような状況下におかれたポンペイウスは、ふたたびキケロと彼の支持者たちとのよりをもどすことを考えはじめる。キケロをローマに呼びもどす法は、ポンペイウスの支持のもと前五七年の八月に成立した。

▼**プトレマイオス十二世**(在位前八〇〜前五八、前五五〜前五一)　アウレテス(笛吹き)と渾名された。ローマと友好関係を築こうとしたため、前五八年のローマによるキュプロス併合に怒ったアレクサンドリア市民によって追放されたが、属州シリア総督のアウルス・ガビニウスが彼を復権させた。ポンペイウスの取りなしと多額の賄賂のおかげだったと伝えられる。

▼**プトレマイオス**(キュプロス王)　十二世アウレテスとは兄弟の関係にある。父九世の死後、アレクサンドリア市民によってキュプロス王に推戴されたが(前八〇年)、ローマはその地位を認めなかった。前五八年、キュプロスをローマに併合され、自殺。

④—最高権力者への道

ガリアの征服

前五八年、任地に向けて旅立とうとしていたカエサルのもとに、ヘルウェティイ族▲が新たな定住地を求めて移動を開始したとの情報が届いた。これは、ポンペイウスに負けない大きな戦功を求めていたカエサルにとって願ってもないチャンスだった。総督としてガリア・ナルボネンシスの安全に責任をもつ彼は、まずヘルウェティイ族に対して属州の通過を禁止する。そして彼らがセークワニ族とハエドゥイ族の領土に方向を転じると、カエサルは四個軍団を率いて追撃し、彼らをくだしてもとの定住地に帰るよう命じた。こうしてヘルウェティイ族の一件は落着したが、今度はガリア人からアリオウィストゥスの不正を訴えられる。そこでカエサルは彼らの懇願を受けいれ、セークワニ族の領土に居座っていたアリオウィストゥスと戦って彼をラインの彼方に追いかえした。こうしたガリアの政治への介入が、カエサルをガリア征服へと導いていく。征服戦争は八年におよんだ。前五二年にはアルウェルニ族の貴族ウェルキンゲトリ

▼**ヘルウェティイ族**　今日のスイスのあたりに住んでいたケルト系の部族。

▼『**ガリア戦記**』　全八巻。最初の七巻は、カエサル自身が執筆、前五一年と前五〇年の出来事を描いた最後の巻は、カエサルの部下アウルス・ヒルティウスが補った。

クスが指揮する大反乱が起こったが、ついにアレシアに立てこもるウェルキンゲトリクスをくだして反乱を鎮圧、翌前五一年にガリアをローマの属州とした。

カエサルによるガリア征服の経緯は、彼自らが著した『ガリア戦記』▲に詳しい。ラテン語で「記録・覚え書き」を意味する『コンメンタリイ』のタイトルがつけられたこの書を読むと、ローマ領に侵入してきたヘルウェティイ族から属州を守る戦いと、ローマの盟友であるハエドゥイ族の要請を受け、ガリアをゲルマン人の脅威から解放するための戦いで始まった一連の戦争の経緯が、装飾を排除した簡潔な文章で綴られている。読者は、これらの戦争が必然の連鎖でつながっており、カエサルは遂行を余儀なくされてそれらをおこなったかのような印象を受ける。しかしそうした印象は、幻想にすぎない。ヘルウェティイ族はガリアをとおって西方に移住するにあたって、ローマの利害をそこねないように配慮しており、属州の通行を禁じられると、ローマの支配領域の外であるガリア中部をめざした。またアリオウィストゥスの行為にしても、戦争に勝利した者が敗者の領土を奪うこと自体は当時の慣習で一般に認められており、カエサルが描くほど不当なものではなかった。客観的事実のみを淡々と記しているかのような文体は、征服戦争の正当化という『ガリア戦記』執筆の真の目的をカモフラージュしているにすぎないのである。ガリアでの戦争に関する情報は、様々なルートでローマに住む人々へと伝えられたらしく、単なる収奪目的での聖域や神殿の略奪など、カエサルが語らない行動も後代の史書や伝記は記している。カエサルは三頭政治家のなかで、これまで将軍としての功績ではポンペイウスの右に出ず、所有する富ではクラッススにはるかおよばなかったが、ヘルウェティィ族の侵入とゲルマン人の脅威からガリアの盟友を守るという口実で始められた征服は、これら二つを同時に彼にもたらすことになった。そして長年の戦争で鍛えあげられた軍団と多くの原住民クリエンテスは、内乱で彼を支える強固な基盤となる。

三頭政治体制の立て直し

話は前五七年にもどる。クロディウスの執拗な攻撃に悩まされたポンペイウスがキケロと彼の支持者たちに接近し、三頭政治家のあいだに亀裂が生じると、オプティマテスはこの亀裂をさらに拡大させようと画策した。他方で彼らはカエサルに対する攻撃を強化し、前五五年のコンスルに立候補を表明していたルキウス・ドミティウス・アヘノバルブス▲は、もし自分がコンスルになったら、ただちにカエサルをガリアから召還する、と公言してはばからなかった。ローマでのこうした事態の推移を注意深くみまもっていたカエサルは、ただちに行動を起こす。

前五六年の春、カエサルはガリア・コマータ▲への遠征を開始する前にクラッススをラヴェンナにまねいて打ち合わせをおこない、そのあとルカに赴いてポンペイウスとの会談に臨んだ。異論もあるが、会談にはおそらくクラッススも同席しただろう。その場で彼らは三頭政治体制の継続を確認しあい、ポンペイウスとクラッススが前五五年のコンスルとなること、そして二人が選挙で確実に選出されるように、通常夏開かれるコンスル選挙の民会を、カエサルの兵士が休暇をとってローマに帰ることのできる冬まで延期させることで合意した。カエサルにしてみれば、これで宿敵アヘノバルブスがコンスルとなるのを阻止することができたのである。コンスル職についたポンペイウスとクラッススは、属州ガリアの命令権に関する審議を前五〇年三月一日まで凍結する法を上程し

▼ルキウス・ドミティウス・アヘノバルブス　植民市ナルボ(属州ガリア・ナルボネンシスの名はこの都市に由来する)を建設したグナエウス・ドミティウス・アヘノバルブスの子で、この地域との結びつきは父親譲りだった。彼は結局前五五年のコンスルにはなれず、翌五四年にコンスルとなったときには、カエサル召喚の目的を放棄している。

▼ガリア・コマータ　属州ガリア・ナルボネンシスの北に広がるガリアは、住民が長髪だったので「ガリア・コマータ(長髪のガリア)」と呼ばれた。

て成立させるが、これはおそらくルカでの合意にもとづく措置だった。これによりガリアにおけるカエサルの命令権は、事実上五年間延長されたことになる。さらにクラッススに属州シュリアとパルティアとの戦争を職務領域として与え、ポンペイウスには属州遠近両ヒスパニアの統治を五年間にわたって委ねる法が、護民官の発議で成立をみる。いうまでもなくカエサルとのあいだで権力のバランスをとるための措置だったが、ルカの会談でこれらの案件についてどの程度具体的に論じられていたかはわからない。

ところで属州ガリアの命令権に関する議論が前五〇年三月一日まで凍結されたことは、カエサルにとってどのような意味があるのだろうか。当時は独裁官スラが制定した「官職に関するコルネリウス法」の定めるところにより、コンスル職の再任には一〇年をおく必要があった。つまり前五九年にコンスル職を務めたカエサルは、前四八年までコンスルにはなれなかった。しかし、前一二三年か前一二二年にガイウス・グラックスが成立させたセンプロニウス法は、コンスルが任期終了後に管轄する属州の決定を、そのコンスルの選挙の前におこなうよう元老院に命じていたので、もし両ガリアの命令権に関する審議が前五〇年三月一日まで凍結されれば、元老院がこれらの属州を指定できるのは、前五〇年夏の選挙で選出される前四九年のコンスルに対してということになる。ところでプラエトルの場合、属州統治に関するコルネリウス法▲の定めるところにより、指定された属州に赴任できるのはプラエトルとしての任期を終えた翌年だった。コンスルにもこの規則が適用されたかは議論が分かれるが、たとえ前四九年のコンスルが前四九年中にガリアにやって来ても、カエサルはローマの市域に入るまでコンスル代理命令権を保持した。それゆえ、いずれにせよ前四八年のコンスルに再任されれば、彼は弾劾裁判をまぬがれることができたのである。ただ問題は、コンスル代理命令権を失わないために代理人を介して立候補の届け出をする特権を認められるかで、これが内乱前夜の元老院で大きな争点となる。

三頭政治体制の破綻

いわゆるルカの会談で立て直された三頭政治の体制だが、長くは続かなかった。前五四年にカエサルの娘でポンペイウスの妻だったユリア▲が亡くなると、

▼属州統治に関するコルネリウス法　独裁官スラが成立させた属州統治に関するコルネリウス法は、プラエトルに対し在任中はローマにとどまって法務関係の職責をはたし、任期終了後に属州へ赴任するよう命じていた。

▼ユリア　ポンペイウスとユリアの結婚は、カエサルとポンペイウスの盟約を強固なものにするための政略結婚だったが、夫婦仲は極めて睦まじく、ユリアは父と夫の衝突を回避するためおおいに努力したといわれる。

▼クィントゥス・カエキリウス・メテルス・スキピオ　プブリウス・コルネリウス・スキピオ・ナシカ（前九三年のプラエトル）の息子。クィントゥス・カエキリウス・メテルス・ピウス（前八〇年のコンスル）の養子となり名前を変えたが、娘（コルネリア）は、彼が養子となる前の氏族名で呼ばれた。

ポンペイウスはカエサルの新たな姻戚関係の申し出を断って、カエサルと敵対していたクィントゥス・カエキリウス・メテルス・スキピオ▲の娘コルネリアと結婚した。さらに前五三年にはクラッススの率いるローマ軍がカラエでパルティア騎兵に敗北し、クラッスス自身も数日後にパルティア人に殺害される。こうして三頭政治体制は瓦解した。

前五四年以降、都市ローマの治安は極端に悪化し▲、前五四年と前五三年はコンスル選挙の民会すら開けない事態となった。翌前五二年の一月、乱闘のなかでクロディウスが殺される。すると彼の子分たちは遺体をホスティリウスのクリアで焼き、クリアとクリアに隣接するポルキウスのバシリカ▲を延焼させた。事ここにいたり、元老院はついにポンペイウスを単独コンスルに任命して事態の収拾にあたらせる。当時ポンペイウスは属州遠近両ヒスパニアの総督だったが、任地には代官を送り、自らはローマ近郊にとどまっていたのである。単独コンスルとなったポンペイウスは、義父のカエキリウス・メテルスを同僚コンスルに選出させて共和政の原則である同僚制にもどしたが、カエキリウス・メテルスはポンペイウスとカエサルの関係を悪化させるためにあらゆる努力を惜

▼治安の悪化　ローマには警察と呼べるものはなかったが、都市ローマで繰り広げられる政争に暴力が持ち込まれることはまれだった。しかし、前一三三年と前一二一年にグラックス兄弟が命を落として以降は、政治家が武装した集団をかかえ、市内で乱闘を繰り返すことが常態化し、前五四年になるとこれが極まったのである。

▼ポルキウスのバシリカ　バシリカはローマ帝国の西部で広場(フォルム)に接して建てられた公共の多目的ホール。ポルキウスのバシリカはマルクス・ポルキウス・カトー(大カトー)が前一八四年に建設し、知られているかぎり最古のものである。

しまなかった。しかしこのときになってもポンペイウスは、カエサルとカエサルに敵対する元老院議員のあいだにあって、態度を決めかねていたらしい。一〇名の護民官が、カエサルの事情に配慮してローマ不在のままコンスル選挙への立候補を認める特例法を上程したとき、ポンペイウスはこれを支持した。しかし他方で彼は、代理人を介して選挙に立候補することを禁じた前六三年の法の規定を復活させる法を自ら上程する。カエサルの激しい抗議を受けて、彼はカエサルを例外とする条項を付け加えたが、このとき法文はすでに銅版に刻まれ国庫におさめられていたので、付則はなんら法的拘束力をもつものではなかった。ここにいたってカエサルは、属州を後任に引き継いだあと無官になる可能性を想定せざるをえなくなった。

カエサルが統治する両ガリアのコンスル代理命令権と同様に、ポンペイウスに与えられた遠近両ヒスパニアのコンスル代理命令権も、前五五年の法は前五〇年末までしか担保していなかった。ところが前五二年にポンペイウスの命令権だけが延長される。カエサルとポンペイウスは法による権力の正当化に努めたが、実質この権力は、二人が従える強大な軍事力に支えられていた。もしカエサルが属州ガリアを失うと、彼は軍隊を保持する法的根拠がなくなり、ポンペイウスに対してはるかに劣勢に立たされることになる。そのため最後の手段として彼は、自分とポンペイウスが同時に軍隊を解体して属州を放棄する提案を前五〇年の護民官ガイウス・スクリボニウス・クリオにおこなわせた。クリオの提案は前五〇年十二月一日に開かれた元老院で決議に付され、賛成三七〇、反対二二という圧倒的多数で可決された。多くの元老院議員は最後まで内乱の回避を望んでいたのである。しかし元老院のなかの強硬派（小カトー、カエキリウス・メテルス、ガイウス・クラウディウス・マルケルス▲）はいっさいの妥協を拒んだ。マルケルスは、カエサルが一〇軍団▲を率いてアルプスをこえ、イタリアに侵入しようとしているといって、元老院にカエサルを公敵と宣言し、カプアに駐屯していた二軍団を投入してカエサルを迎え撃つよう要求した。カエサルが一〇軍団を率いてローマを攻撃するというのは、単なる噂にすぎなかったが、人々はパニックに陥った。クリオが噂は真実でないと主張すると、マルケルスは、自分は自分の権威にもとづいて行動するといい残し、支持者とともにアルバの別荘にいたポンペイウスのもとに赴いて、国家を救うためイタリアに駐屯

▼ガイウス・クラウディウス・マルケルス　前五〇年のコンスル。十二月一日の元老院会議を司会していた。

▼一〇軍団　一軍団は五〇〇〇名近くの重装歩兵から成り、これに三〇〇騎の騎兵が配属されていた。

する全軍の指揮を執るよう要請した。事ここにいたって、これまでカエサルと元老院の寡頭派のあいだで揺れ動いていたポンペイウスは臍《ほぞ》を固めて要請を受け入れた。

内乱

前四九年一月七日の会議で元老院は、カエサルの後任としてドミティウス・アヘノバルブスをガリア・トランサルピナに派遣すること、カエサルに不在のままコンスルに立候補することを認めないことを決議する。この決議に対して護民官だったマルクス・アントニウス▲とクィントゥス・カッシウス・ロンギヌス▲がすぐさま拒否権を発動したが、元老院は二人にローマを即刻退去するよう命じ、元老院最終決議▲を発して非常事態を宣言した。当時、カエサルはラヴェンナからローマにおける事態の推移をみまもっていたが、元老院最終決議が出されると交渉によって内乱を回避することをあきらめ、ガリア・キサルピナとイタリアを区切っていたルビコン川をわたって▲イタリアに進入した。前四九年一月十日の夜のことである。

▼マルクス・アントニウス　カエサルの死後、オクタウィアヌスおよびレピドゥスと三頭政治をおこなった人物。

▼クィントゥス・カッシウス・ロンギヌス　カエサル派の一人。おそらくカエサルの暗殺者ガイウス・カッシウス・ロンギヌスとは、従兄弟の関係にあった。

▼元老院最終決議　非常事態を宣言し、国家がいかなる損害もこうむらないよう、あらゆる必要な措置を講じることをローマにいる最高位の官に要請する決議。前一二一年にガイウス・グラックスを排除するため都市ローマに戒厳令を敷いたのが最初。

▼ルビコン川をわたる　スエトニウスは、カエサルがルビコン川をわたったとき、「賽は投げられた」と叫んだと伝える。しかし実際には、彼のお気に入り喜劇作家だったメナンドロスの作品にあらわれるギリシア語の半句「賽は高くあがれ」を口にしたらしい。

内乱時のローマ

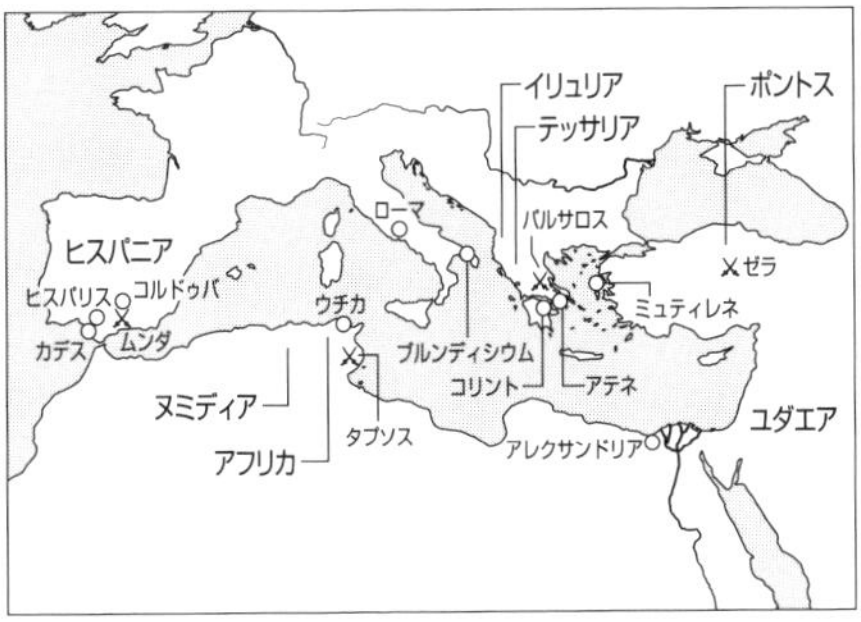

内乱の勃発時にカエサルは一二軍団を擁していたが、そのうち一一個はガリア・トランサルピナに駐屯しており、カエサルが自ら率いていたのは一軍団にすぎなかった。しかし彼は電撃的な進攻作戦でいっきょにイタリア半島を制圧する。これに対してポンペイウスはローマとイタリア半島をカエサルに明け渡し、配下の二個軍団をブルディシウムから対岸のイリュリアに移した。当時ヒスパニアとアフリカに自分の軍団が駐屯していたので、東方で大規模な軍隊を編成して三方からイタリア半島に攻め入り、これを奪還する作戦を立てたのである。これに対してカエサルは、まず自らヒスパニアにわたって、そこを守るポンペイウス軍をくだした。アフリカに送った遠征軍はこの地の奪取に失敗するが、ポンペイウスとの直接対決を急ぐカエサルは前四九年中に全軍をイタリア半島のブルンディシウムへ集結させた。冬の地中海は航海に大きな危険がともなう。しかも兵士は無理な行進で疲弊し、船の数も十分でなく、対岸ではポンペイウスの海軍がカエサルの上陸を阻止しようと待ちかまえていた。しかしカエサルは果敢にも自ら七軍団を率いてアドリア海をわたり、ついで配下のアントニウスに渡海を命じた。アントニウスが四軍団とともに上陸した地点はカ

エサルが駐屯していた場所より少し北だったが、彼はポンペイウスの裏をかいて数日後にはカエサル軍に合流した。決戦は、前四八年八月九日にテッサリアのパルサロスで戦われ、数ではるかに劣勢だったカエサル軍▲が勝利をおさめた。カエサル軍の中核は百戦錬磨のベテランたちで構成されていたので、ポンペイウスは長期戦に持ち込んで敵軍を疲弊させるのが最良と考えていたが、決戦をはやる寡頭派のリーダーたち(オプティマテス)に押し切られて戦闘を開始した。彼らはたんにカエサルと戦うためにポンペイウスを将軍にいただいていたにすぎず、一刻も早く彼と決別したかったのである。

パルサロスの戦いに敗れたポンペイウスはエジプトに逃れたが、プトレマイオス十三世の指示で暗殺される(前四八年九月二十八日)。数日後にわずか四〇〇〇ばかりの手勢を率いたカエサルが到着した。当時アレクサンドリアの宮廷は、プトレマイオス十二世が亡くなったあと王位を継承したプトレマイオス十三世▲を取り巻く党派と、プトレマイオス十三世の姉クレオパトラ七世▲の党派のあいだで激しい権力闘争が繰り広げられていた。カエサルはこの争いに巻き込まれ、結局プトレマイオス十三世の衛兵とアレクサンドリアの市民を相手に戦

▼カエサル軍　カエサルがこの戦いに投入した兵力は、『内乱記』で自身が記すところによると、八〇大隊二万二〇〇〇人だった。他方ポンペイウスの兵力は、カエサルの記述に曖昧さが残るものの、おそらく五万人をこえていた。

▼プトレマイオス十三世(在位前五一~前四七)　プトレマイオス十二世の息子で、当時十五、六歳だった。

▼クレオパトラ七世(在位前五一~前三〇)　プトレマイオス朝最後の女王。

争をおこなうはめになる。戦争は翌前四七年の春まで数カ月間続き、カエサルは苦戦を強いられたが、援軍の到来をえて苦境を脱することができた。プトレマイオス十三世は逃走の途中ナイル川で溺死、カエサルはクレオパトラと彼女の弟(プトレマイオス十四世)を結婚させて、二人をエジプトとキュプロスの王とした。彼はさらにパレスチナで、功績のあったアンティパトロス▲にユダエアの実権を与え、ポントスのゼラ▲でミトリダテス王の子パルナケス二世▲を破ったあと、レスボス島のミュティレーネー、アテナイ、コリントを経由して、前四七年十月にローマに帰った。

東方での戦争は終わったが、パルサロスの戦いで生き残ったポンペイウス派の残党はアフリカにわたり、カエサルに対する抵抗を続けていた。すでに述べたように、カエサルは内乱が始まるとアフリカに遠征軍を送ったが、この地を獲得することはできなかった。ポンペイウス派の残党は、アフリカに駐屯していたポンペイウスの軍隊と合流し、一〇軍団を編成するまでになる。彼らはウチカに拠点をおき、ヌミディア王国の王ユバ▲と同盟して、カエサルとの戦いに向けた準備を整えていた。前四七年の暮れにアフリカに上陸したカエサルは、

▼アンティパトロス　聖書の幼児殺しで有名なヘロデス(ヘロデ)大王の父。彼はアレクサンドリアで市民に包囲されたカエサルを救出するため、自ら援軍を率いて参戦した。

▼ゼラの戦い　容易に勝利をおさめたカエサルは、元老院に「来た、見た、勝った」と報告したという。

▼パルナケス(二世)　ポンペイウスによってボスポロス王国の王とされたが、ローマの混乱に乗じて領土を拡大し、カエサル配下の将軍が指揮するローマ軍を破っていた。

▼ユバ　前四九年、カエサルとポンペイウスのあいだで内乱が勃発すると、ポンペイウス側に立って、カエサルがアフリカに送った軍隊を破った。タプソスの戦いでもポンペイウス派の側で戦い、敗北のあと自殺した。

翌年の四月六日にタプソスでポンペイウス派の軍隊と戦って決定的な勝利をおさめた。ウチカを守っていた(小)カトーは自殺し、ポンペイウス派の指導者のなかで生き残ったのはポンペイウスの子セクストゥスなど数人にすぎなかった。彼らはヒスパニアにわたり、先にわたっていたポンペイウスの長子グナエウスと合流して、カエサルに対する最後の抵抗を試みる。

タプソスの勝利のあと一時ローマに帰っていたカエサルは、前四六年の終わり近くにふたたびローマを去ってヒスパニアにわたる。ヒスパニアではポンペイウス兄弟(グナエウスとセクストゥス)らがすでに一三軍団を編成して反撃のチャンスをうかがっていた。彼らとの戦いは、前四五年三月十七日にジブラルタルの北のムンダでおこなわれた。ここでもポンペイウス派は大敗し、指導者たちのなかで生き残ったのはセクストゥス・ポンペイウスただ一人となった。セクストゥスはこのあと海軍を編成し、カエサル亡きあとの政争に絡むことになるが、カエサルとポンペイウス派の戦いはムンダの戦いで終わったといえる。カエサルはコルドゥバ、ヒスパリス(セヴィリャ)、ガデスを占拠してポンペイウス派に加担した原住民を厳しく処罰し、ヒスパニアに計画していた植民市建設の準備をしたあと、ローマに帰った。

王位

内乱に勝利したカエサルの権力を実質的に支えていたのは、圧倒的な軍事力だった。当時彼は、ポンペイウス軍から寝返った者も含めて約二〇万人の正規兵(三八か三九個の軍団に相当)と多くの補助軍を従えていた。しかし軍事力そのものは、彼の地位に正統性を与え、その活動を正当化することはできない。カエサルは前四八年にコンスルとなり、前四六年以降は毎年この職にあったが、彼が正統性の拠り所を求めたのは、むしろ前四九年以来連続してついた独裁官職だったといえる。独裁官は同僚をもたず、その命令権は他の高官の命令権より上位にあったので、ローマ帝国のなかで最高の権力を行使しようとするカエサルにとって、コンスル職よりも都合がよかった。本来独裁官職は具体的なある任務に対しておかれ、任期も六カ月をこえることは許されなかったが、包括的な任務のため長期にわたってこの職につく例は、スラに求めることができた。カエサルはさらに前四六年からは風紀長官としてケンソル▲の職権を行使する。

▼ケンソル　財産を査定して市民のリストを作成するため五年ごとにおかれた定員二名の官職。任期は一年半と通常より長く、コンスル経験者がつくのが通例だった。命令権はもたなかったが、風紀の監視、元老院議員リストの点検、請負事業の発注など職域は広く、大きな権威が認められていた。戸口調査官などと訳されるが、本書では原語を用いる。

▼鳥占官(アウグル)　ローマの政務官や将軍は、民会の開催や戦闘の開始といった公的な活動をおこなうとき、それが神々の意にかなうか否かを占いで確かめた。占いには鳥がよく用いられたので、この占いをアウスピキウム(鳥占)という。鳥占官たちは、このアウスピキウムを律する教義の専門家で、神官団を構成していた。ただし、アウグルとアウスピキウムのあいだには、語源上の関係はないらしい。

また大神祇官職に加えて前四七年頃からは鳥占官(アウグル▲、五五頁用語解説参照)職を兼務▲したため、国家宗教に対しても大きな影響力を行使できた。

カエサルが帯びていたこれら聖俗の栄職や権限はローマ共和政の枠におさまるか、少なくとも共和政の歴史に先例を求めることができる。それでは彼は、これらをこえて名実ともにローマの共和政とは相容れない地位をめざしたのだろうか。前四四年二月十五日のルペルカリア祭▲で同僚コンスルのマルクス・アントニウスがカエサルにディアデーマ(王冠)▲を差し出したとき、まわりの群衆の反応は冷ややかだった。そのためカエサルはこれを拒絶し、カピトリウムに祀られたユピテル神に奉納するように命じてその場を取りつくろったといわれる。当時彼はパルティア遠征をおこなうべく準備を進めていたが、「シビュラの予言書▲にパルティアは王によってのみ征服されると書かれており、カエサルを王と呼ぶべきだ」という提案がなされようとしているとの噂もあったらしい。伝記や歴史には、このほかにもカエサルが王位を欲していた、あるいは少なくとも周りの人がそうみていたことをうかがわせるエピソードが数多く残っている。ただいずれも内容の真偽は定かではない。

▼神官職の兼務　共和政期には原則として神祇官は鳥占官職を兼務できなかったが、例外はカエサル以前にもあった。左の図は大神祇官と鳥占官の兼務を記念してカエサルが発行したデナリウス銀貨(前四六年)の裏面。AVGVR(アウグル)とPONT(ifex)MAX(imus)(大神祇官)の銘が刻まれ、神祇官とアウグルが用いる神器が描かれる。

▼ルペルカリア祭　ルペルキと呼ばれる神官たちが毎年二月十五日におこなった祭り。彼らはパラティヌス丘の麓にあった洞窟(ルペルカル)で供犠をおこなったあと、パラティヌス丘のまわりを駆けまわって出くわした女たちを山羊の革紐で打った。豊穣と浄めの祓いに関係するといわれる。アントニウスはルペルキの一人だった。

▼ディアデーマ(王冠)　史料はアントニウスがカエサルに差し出した王冠をディアデーマと呼んでいる。ディアデーマはヘレニズム世界の王が用い、鉢巻きのかたちをしていた。左の図はシリアのセレウコス朝の祖アンティオコス一世のテトラドラクマ銀貨。頭部にディアデーマを巻く。

▼シビュラの予言書　シビュラはギリシア・ローマ世界にかつていたと信じられていた女予言者。伝承によると、ローマには五代目の王タルクイニウス・プリスクスの時代にクマエのシビュラの予言書がもたらされ、カピトリウムのユピテル神殿に保管されていた。これは前八三年のカピトリウムの火災で焼失するが、その後元老院は各地に残っていた予言書を集めさせた。

カエサルと王位については研究史上もさまざまな議論がある。彼が王位をめざしていたとして、なにがモデルとなったのか。ヘレニズム世界の君主政、とくにアレクサンドロス大王を考える研究者が多く、クレオパトラのはたした役割に注目する人もいる。

ところでスエトニウスは次のようなエピソードを伝える。カエサルは、クワエストルだったとき(前六九年)ヒスパニアのガデスでヘラクレス神殿に奉納されていた大王の像を見て、自分は彼が世界を制覇した年齢に達したのに、まだなにも偉大な業績を成しとげていないとなげいた。そしてその夜、彼は母と交わった夢をみたが、夢占師はこれを世界支配(母＝大地)の予告と解釈した、と。カッシウス・ディオも二つのエピソードをカエサルがクワエストルだったときの話として伝える。ただ彼は、それらを遠ヒスパニア総督時代(前六一〜前六〇年)の記述のなかに挿入し、さらに夢の話の方は、内乱初期のヒスパニア遠征(前四九年)を記すなかで、ガデスにローマ市民権を附与した理由として繰り返し述べている。二つのエピソードはプルタルコスのカエサル伝でも語られているが、ここでは、カエサルが総督としてヒスパニアに赴任したとき、アレクサンドロス大王について書かれた書物を読んでなげいたことになっており、また母と交わった夢をみたのは彼がルビコン川をわたる前夜だった。ある研究者が指摘するように、プルタルコスが伝えるカエサルの夢はカエサルのルビコン渡河に従ったアシニウス・ポリオ▲に遡る可能性が高く、信憑性が高い。実際、世界の支配者になるという予言は、若いクワエストルに対するより内乱前夜になされた方が所をえている。ここでは詳しくは述べないが、同じ研究者はアレクサンドロス大王のエピソードも、ヒスパニア総督時代のこととして語るプルタルコスのヴァージョンが本来のものではないかと考えている。ただいずれにせよ、これらのエピソードの主要テーマは世界の征服という「偉業」であって、王政あるいは王位そのものではない。また、当時のローマ人にとってヘレニズム世界の王は、結局はローマに打ち負かされ征服された存在であり、カエサルの目標とはなりえなかったと考える研究者もいる。

それでは、カエサルがめざしたのはかつてローマを支配していた王の地位か。ローマに共和政が樹立されて以来、王の名と王政は忌み嫌われるようになったといわれるが、年代記に伝わるローマの王は国の制度と発展の基礎を築いた

▼**アシニウス・ポリオ**（前七六頃〜後四）　カエサルがルビコン川をわたったときに同行し、続く内乱でも主要な戦闘に参加した。文人としても名高く、同時代の歴史を書いている。

人々であり、暴君だった最後の王タルクイニウス・スペルブス▲を除けば、決してつねにマイナスのイメージでとらえられていたわけではない。カエサル自身、すでに述べたように叔母のユリアが亡くなったときの追悼演説で、彼女の（そしてもちろん自分の父も）母方の家系が王（アンクス・マルキウス）に遡ることを讃えている。また彼が王位をめざしていたことを暗示するエピソードも数多く伝わるが、これらは周囲の人々、とりわけ彼に敵対する人々によって流された言説に由来する可能性が高く、これらの話を根拠にカエサルがめざしたのはローマの王の地位だったと結論づけることまではできないだろう。カエサルは死の直前に終身の独裁官（ディクタトル・ペルペトゥウス）となり、生涯にわたって独裁的な権力を保証された。しかし彼には、この地位を後継者に継承させる考えはまだなかったらしい。カエサルが遺言のなかで養子として指名した姪アティアの子ガイウス・オクタウィウスは、カエサルの家名と家産の相続人にすぎなかった。カエサルはパルティア遠征▲に出発する直前で暗殺されており、自分が獲得した権力をどう制度化するかまで考える時間がなかったというのが実情ではなかったかと思われる。

▼タルクイニウス・スペルブス　伝承では、元老院をあなどり国民を苦しめる暴君だったとされる。息子のセクストゥスによるタルクイニウス・コラティヌスの妻ルクレティアの陵辱が王政崩壊の原因となったという話はあまりにも有名。なお、ローマ初代の王ロムルスについても、最後に暴君となったため、元老院議員たちによって密かに殺害されたという話があるが、これはカエサルの時代に、カエサルに敵対する人たちのあいだでつくられた可能性がある。

▼パルティア遠征　カラエの戦いでクラッススが率いるローマ軍がパルティア軍に大敗し（四七頁参照）、ローマの軍旗が奪われたことは、ローマ人の誇りと自尊心をおおいに傷つけた。

⑤—破局、そして神となって

暗殺

前四四年三月のイドゥス▲（十五日）にカエサルはマルスの野のポンペイウス劇場で暗殺された。シェークスピアは、暗殺者のなかにマルクス・ユニウス・ブルートゥス▲（英語：ブルータス）の姿を認めたカエサルに、「ブルータス、お前もか」といわせている（『ジュリアス・シーザー』第三幕第一場）。この人口に膾炙《かいしゃ》した台詞は、スエトニウスの『皇帝伝』から取られたらしい。スエトニウスによると、カエサルは最初の一撃を受けたときに呻いただけで、あとはなんら声を発せずにたおれたが、おそいかかってきたブルートゥスにギリシア語で「お前もか、倅（テクノン）よ」といったとする伝承もあった。「テクノン」は「生む」という動詞からつくられた名詞で、親が自分の息子や娘に対して用いることが多い。しかしこれは、カエサルがマルクス・ブルートゥスの母セルウィリアとのあいだに浮き名を流していたことからつくり出された話かもしれない。マルクス・ブルートゥスとカエサルの歳の差は一五歳ほどにすぎなかったし、

▼イドゥス　ローマ人は月の初日（朔）をカレンダエ、中日（望月）をイドゥス、イドゥスから遡って九日目の日をノナエと呼び、それ以外の日はこれら三つの日を起点に逆算して「何日目」と表示した。イドゥスは、三月、五月、七月、十月は十五日、それ以外の月は十三日に相当する。

▼マルクス・ユニウス・ブルートゥス（前八五頃〜前四二）　幼いときに父をポンペイウスに殺され、（小）カトーに養育された。カエサル暗殺のあと、ピリッピの戦いでアントニウスに敗れ、自殺。

▼トガ　ローマ人の上着。大きなウールの布で、小判形をしており、体に巻き付けて着用した。

ポンペイウス劇場　ポンペイウスが前五五年に完成させた石造りの複合施設。半円形の劇場、舞台(図4)の背後のポルティクス(柱廊)庭園(図5)、そしてこの庭園を外部から区切るいくつものエクセドラ(半円形の張り出し)からなり、観客席(図2)の上部にはウェヌスを祀った神殿(図1)があった。エクセドラは元老院の議場としても使われ、カエサルはポンペイウスの立像が立つエクセドラで暗殺されたと伝えられる。

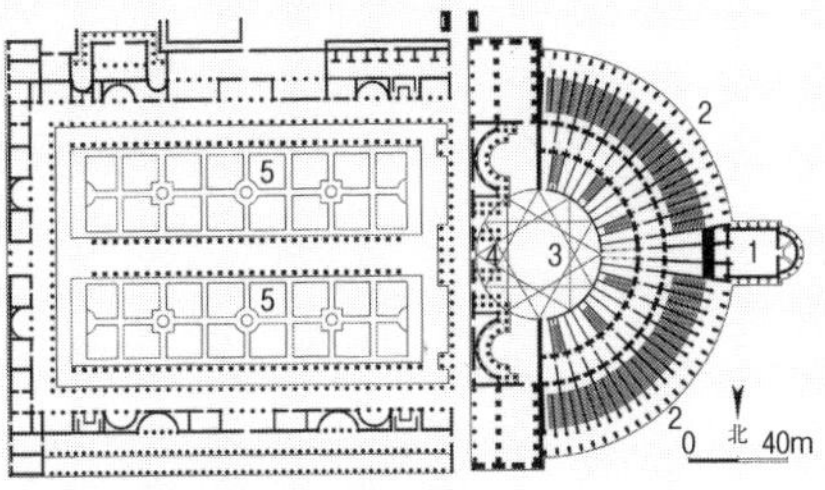

「カエサル伝」のなかでプルタルコスは、カエサルは暗殺者のなかにブルートゥスの姿を認めると抵抗をやめ、頭からトガをかぶってポンペイウスの像の下にくずおれたとのみ記し、歴史家カッシウス・ディオも「暗殺者がいっせいにおそいかかったため、カエサルは言葉を発することも抵抗することもできずたおれた」という伝承をもっとも真実に近いとしているからである。

カエサルの最後が事実としてどうだったかという問題は別にして、「ブルータス、お前もか」あるいは「お前もか、倅よ」は、暗殺されたカエサルの心境をよく映し出した言葉かもしれない。暗殺に加わった元老院議員は六〇名余、首謀者はマルクス・ブルートゥスに加えて、ガイウス・カッシウス・ロンギヌス、ガイウス・トレボニウス、デキムス・ユニウス・ブルートゥス・アルビヌスの四人だった。このうちマルクス・ブルートゥスとガイウス・カッシウスは、内乱ではポンペイウスの側で戦ったが、パルサロスの戦いのあと帰順して赦され、カエサルの暗殺当時はともにプラエトル職を務めていた。カエサルは、さらに彼らに前四一年のコンスル職を約束している。あとの二人はどちらもカエサル派で、トレボニウスは前四五年に単独コンスルだったカエサルが辞任した

▼次位の相続人　本来の相続人がなんらかの理由で相続できない場合にそなえて、あらかじめ設定しておく相続人。

あとの補充コンスルに任命されたし、デキムス・ブルートゥスはカエサルから前四二年のコンスル職を約束されていた。つまり彼らはカエサルから様々な恩恵を受け、彼のもとで将来も栄達を期待できたのである。そればかりか、カエサルは遺言で暗殺者の多くを、万一自分に息子が生まれた場合の後見人に指名しており、デキムス・ブルートゥスにいたっては次位の相続人▲の列に加えていた。こうした人々が、なぜカエサルを殺すにいたったのか。

一般には、カエサルの独裁が元老院議員である彼らの許容できる範囲をこえるようになったからだといわれる。カエサルは、前四四年二月の半ばに終身の独裁官となった。前一世紀のはじめにスラがついた独裁官職が終身のものと規定されていたかどうかは議論が分かれるが、いずれにせよスラは四年もたたないうちにこの職を自ら辞している。こうしたスラを「政治のイロハがわかっていない」と批判したカエサルは、死ぬまで独裁官であり続けるであろうと人々は覚悟しなければならなかった。加えて彼の元老院に対する態度は、次第に傲慢なものに変わっていったらしい。自らの栄誉に関する決議を報告するため元老院の長老たちが来たとき、カエサルは椅子から立って彼らをむかえなかった。

これに議員たちは憎悪をいっそう積もらせたと伝えられる。さらに伝記作家によると、カエサルは最終的に王位をめざしていると周囲のローマ人に疑われ、これが暗殺の最大の動機だったという。

暗殺の直前、かつて王を追放したルキウス・ブルートゥスを讃える落書や、王になったとカエサルを非難する落書がローマにみられたという。こうした状況にもかかわらず、カエサルはムンダの戦いを終えて帰国すると、戦争のあいだ従えていたヒスパニア人の親衛隊を解散し、元老院が元老院議員と騎士で警護隊をつくることを認めても、この決議に従わなかった。彼は自分が暗殺される危険性には思いをいたさなかったのだろうか。クレメンティア(寛恕)の政策で共和派を宥和することができたと考えていたのかもしれない。もしそうだとすると、彼は元老院貴族の心を完全に理解しそこねていたことになる。カエサルは、もし自分の身になにかが起こったら国家は平穏ではなくなるだろうと常々語っていたといわれ、他の元老院議員もこの認識を共有していると信じていた可能性もある。いずれにせよ暗殺者たちは、共和政と自由のために彼を殺害した。しかし彼らがもし共和政と自由の復活を本気で信じていたとすれば、彼らも状況判断を大きく誤ったといわざるをえない。カエサルの予言どおり、暗殺のあとに続いたのは新たな内乱だった。そして暗殺者のほとんどが、内乱の初期の段階で不慮の死をとげるのである。彼らは自分たちの理想に殉じたのか。むしろ彼らは強い思い込みのゆえに現実を冷静かつ客観的にみることができなかったのではないか。もっともこれは、カエサルの暗殺者にかぎったことではないが。

予兆

伝えられるところによると、暗殺に先立って様々な怪奇現象や凶行の予兆があらわれたという。そのうちのいくつかを紹介しよう。

スエトニウスは、カエサルの死を予告していた奇怪な出来事の一つとして、カプアの入植者たちが暗殺の数カ月まえに、カプアの創建者カピュス▲の廟と伝えられる墓で呪詛《じゅそ》を刻んだ銅版をみつけたことをあげている。そこにはギリシア語で、「カピュスの骨掘り起こされんとき、かの人の末裔は血族の手にて殺され、ほどなくイタリアをおそう大きな不幸により罰せられん」と記されてい

▼**カピュス**　エトルリア人が、カプアを建設したさい鳥占のために用いたワシを意味するエトルリア語だという説や、エトルリア人からウォルトゥルヌム（カプアの古名）を奪ったサムニウム人の頭目の名という説もあった。

た。この出来事は、一、カピュスの墓で呪詛を記した銅版がみつかった、という話の核心部分、二、銅版がみつかった経緯、三、銅版に記された呪詛の解釈の三つに分けて考える必要があるだろう。

まず話の核心部分。前二世紀末のあるローマ人歴史家によると、カピュスはトロイアの英雄アエネアスの従兄弟だった。第一章で述べたようにカエサルは、自らが属するユリウス氏はアエネアスの息子ユールスに始まると主張していたので、この歴史家が伝える伝承を信じれば、たしかに彼は広い意味でカピュスの末裔ということになる。しかしカピュスが誰（何）かについては、古代からさまざまな説があり、話の核心部分はカエサルとは無関係に存在していた可能性を排除できない。次に銅版がみつかった経緯について。カエサルがカトーの反対を押し切ってカンパニアにポンペイウス軍の退役兵や都市ローマの貧民を入植させる法（二本目の農地法）を成立させたのは、彼がコンスルだった前五九年で、銅板がみつかったとされる「カエサル暗殺の数カ月まえ」よりかなり昔のことだった。ただキケロの書簡によると、この法にもとづき進められたカンパニアの公有地の回収と入植した市民への分与を阻止する元老院議員の策動は、

▼**ルキウス・コルネリウス・バルブス**　ヒスパニアのガデスの生まれ。ポンペイウスのおかげでローマ市民権をえた。その後ローマに移住し政界で活躍、文芸にも造詣が深かった。

内臓占い（復元、ローマ、ローマ文明博物館）　トラヤヌスの広場のレリーフ。

少なくとも前五一年まで続いたらしい。カエサルの法にもとづいて入植した入植者が作業中に銅板をみつけたという部分は、カンパニアの公有地の分与に対する一部元老院議員の不満を背景につくられたのかもしれない。最後に銅版に記された呪詛の解釈について。もし銅板でカピュスの末裔とされている人物がカエサルなら、「ほどなくイタリアをおそう大きな不幸」はカエサルの暗殺のあとに起こった内乱を指すことになり、この呪いが現実の出来事に結びつけて解釈されだしたのは、カエサル暗殺のあとしばらくたってのことだろう。カピュスの墓の話を伝えるスエトニウスは、出典としてコルネリウス・バルブス▲の著作をあげている。コルネリウス・バルブスは前六二年と前五九年に工兵隊長としてカエサルに仕え、カエサルの総督在任中はローマで彼の利益を代弁した。カエサルの暗殺後はオクタウィアヌスを支持し、前四〇年にはコンスル職についている。スエトニウスが強調するように、バルブスはカエサルとの親交が厚く、彼の証言はたんなる虚説として退けることはできないだろう。ただ呪いの伝承を現実の出来事に結びつけたのがバルブス自身か、それとも彼は一般におこなわれていた解釈を収録したのかは、わからない。

青銅製の肝臓(ピアチェンツァ、市立博物館)　犠牲獣の内臓を解釈するための指針として使われたらしい。

暗殺の一カ月前にあったルペルカリア祭でカエサルが供犠をおこなったとき、犠牲の牛の内臓に心臓がなかった。このとき卜腸師は、「[カエサルの]計画と命がついえないよう注意すべきだ。これらはどちらも心臓から由来するので」と忠告したという。また次の日は犠牲獣の肝臓に「頭(尾状突起)」がなかった。この二つの供犠と卜腸の話は、キケロがカエサル暗殺の直後に執筆した書(『占いについて』)に記しており、しかも彼は、二日目の卜腸の結果に対して、これはカエサルに破滅を避けさせるためではなく、彼が破滅することを知るように神々が送った前兆だ、とコメントしている。ある研究者の解釈によると、暗殺当日である三月のイドゥスにふれない最初の予兆は、カエサルが暗殺される前から知られていた。卜腸師がいった「計画」は、ルペルカリア祭のときにカエサルに王冠を与える策動を指し、この話がつくられた(あるいは、つくりなおされた)背景には、アントニウスが差し出した王冠をカエサルが拒絶するという思いがけない光景を目にした人々の忖度《そんたく》があるという。これに対し二日目の予兆は前日の話のバリエーションらしいが、つくられたのはカエサルの暗殺のあとだろう、とこの研究者は推測している。帝政期に書かれた伝記や歴史記述などに伝わる伝承では、卜腸師の警告はより明確に三月のイドゥスと結びつけられ、供犠そのものも暗殺の直前におこなわれたように話がつくりかえられていく。

暗殺の前夜、カエサルは自分が雲の上を飛び、ユピテル神と握手をする夢をみたという。また妻のカルプルニアも不吉な夢をみたが、プルタルコスによると二つの話が伝わっていた。一つは、暗殺されたカエサルを腕に抱いて悲嘆にくれる夢、もう一つは、カエサルの家の破風が崩れ落ちた夢だった。破風は元老院決議によって取りつけられたもので、これが崩れ落ちる夢をカルプルニアがみたという話は、リウィウスを出典とする。スエトニウスによると、カルプルニアがみた夢は、カエサルの家の切妻屋根が崩れ落ち、梁《はり》が自分の膝の上でカエサルに突き刺さるというもので、プルタルコスが対立させている二つの伝承を合体させたような印象を与える。カッシウス・ディオが伝える夢は、彼らの家が崩壊し、誰かに傷つけられたカエサルがカルプルニアの懐に逃げ込むというもの。ここでも二つの要素(家の崩壊とカルプルニア)があらわれるが、それらは切り離されている。カエサルがみた夢を死の予告と解釈することは可能だが、暗殺をうかがわせる要素はない。むしろこの夢は、七月のウィクトリア・カエサリス(カエサルの勝利)祭(八一頁参照)に彗星があらわれたこととの関係が疑われる。カエサルの養子となったオクタウィアヌスは、これをカエサルの魂が昇天して神となった証拠と解釈し、この解釈を広めようとしたのである。ここでは、カエサルの死は栄光の始まりだった。これに対してカルプルニアのみた夢は、カエサルが慢心のゆえに神罰を受けることを暗示しており、彼に敵意をもつ人々によってつくり出されたのだろう。

こうした怪奇現象や凶行の予兆の話を読むと、いかにも当時のローマ社会が動揺し、人々は不安に駆られていたかのような印象を受ける。しかしおそらくこれらのいくつかは暗殺のあとにつくられたか、暗殺に結びつけて解釈されたり解釈しなおされたものだろう。カエサルは、誕生がとくに人々の関心を引くことはなかったようだが、その死は、カエサル派と共和派を問わず、さらにはどちらからも距離をおいていた人々のあいだでさえ、大きな衝撃をもって受け止められたらしい。元老院の議堂とされた場所で暗殺されたこと、凶行におよんだのが、カエサルが宥和しようとした人々であり、彼の部下までもが加わっていたこと、続いて血生臭い内乱が再発したことなど、理由はいくつも考えられる。いずれにせよローマ人のカエサルに対するイメージは、暗殺による最期という事実を中心にかたちづくられていったのである。

カエサル暗殺直後の政治状況

カエサルが暗殺されたとき、彼の「友人たち」のうちマルクス・アントニウスは同僚コンスル、マルクス・アエミリウス・レピドゥス▲は、独裁官でもあったカエサルのもとで騎兵長官に指名されていた。軍隊の大部分は属州に駐屯しており、ただちに首都の政治の場に投入できたのは、レピドゥスの指揮下にある軍隊だけだった。彼はカエサルによってガリア・ナルボネンシスと近ヒスパニアの総督に任命され、イタリアで軍隊を召集していたのである。長年カエサルのもとで軍務に服した退役兵も多数ローマにおり、彼らは約束されていた土地の給付を待ち望んでいた。このような状況のなかでまずアントニウスが動く。彼はカエサルの妻カルプルニアからカエサルの書類と財産▲を入手し、レピドゥスの支持を取りつけることにも成功した。またプブリウス・コルネリウス・ド

▼マルクス・アエミリウス・レピドゥス（前九〇頃〜前一二）　前四三年、オクタウィアヌス、アントニウスと組んで（第二回）三頭政治を始めたが、前三六年にオクタウィアヌスと争って失脚、イタリア中部の地方都市キルケイに追放された。

▼カエサルの財産　プルタルコスによるとその額は四〇〇〇タラントンに達したという。プルタルコスは伝記のなかでローマの六〇〇〇デナリウスをギリシアの一タラントンに換算しており、四〇〇〇タラントンは二四〇〇万デナリウス（九六〇〇万セステルティウス）に相当する。ちなみに、当時騎士身分に要求された最低財産額は四〇万セステルティウスだった。

▲ラベラからも好意をえるために、カエサルの死によって空いたコンスルのポストに彼がつくのを黙認した。アントニウスは、生前パルティア遠征を計画していたカエサルがドラベラを自分の後任コンスルにつけようとしたときは、この人事に反対していたのである。こうしてアントニウスはカエサル派のリーダーとしての地位を固めていった。

カエサルの暗殺は赦される行為なのか。もしカエサルが体制を破壊し独裁をめざす国賊だったなら、暗殺者は救国の士としてむかえられるだろう。しかし共和政最高の栄職であるコンスル職にある人物を殺害したとなれば、その行為は一種のクーデタであり、暗殺者の側が国賊ということになる。また彼らは他の元老院議員と同様にカエサルに対する忠誠を誓っていたので、私的にも忘恩の裏切り者というレッテルが貼られる懸念があった。三月十七日にアントニウスが召集した元老院の議論は、死者の裁判▲で明け暮れた。暗殺者の友人たちは、カエサルは暴君であり葬儀を認めず遺骸はティベリス川に投げ込むべきである、そしてカエサルが生前に決めた措置を記した書類は破棄されるべきだ、と主張した。しかし現実には、すでに述べたように暗殺者とその友人たちを含めて多

▼プブリウス・コルネリウス・ドラベラ（前六九？～前四三）　キケロの娘婿。パトリキ氏族の出でありながらプレプスに身分を移し、前四七年の護民官となる。借財の帳消しをスローガンに掲げて貧しい市民を扇動、カエサル不在のローマで乱闘をくりひろげ、カエサルに都市ローマの治安維持を命じられていたアントニウスも、この混乱を収拾できなかった。

▼死者の裁判　帝政期に皇帝が亡くなると、コンスルは元老院を召集し彼の死後神化をはかった。もし神化が決議されれば、公的な葬儀がいとなまれ、前皇帝がおこなった措置は合法と認められる。もし神化が否決されれば、生前の措置は違法となり、前皇帝の名前とともに公に記録から削りとられた。この原型はカエサルの死後に開かれた元老院にある。

くの元老院議員がカエサルの決定で栄職につき、また将来の顕職を約束されていたのである。アントニウスはこの点を突いて、もしカエサルが違法な暴君だったなら、彼が取り決めた人事も違法であり、カエサルの書類は破棄されなければならないが、それは多くの元老院議員に不利益をもたらすことになろうと指摘して、妥協を強く求めたらしい。最後にキケロが、三〇人僭主の体制が崩壊したあとのアテナイのアムネスティ▲を引き合いに出して、妥協案への賛否を問うことを提案した。こうしてカエサル派とカピトリウムに立てこもっていた暗殺者とのあいだで、一、カエサルの暗殺者は恩赦をえること、二、カエサルの遺言と彼が定めた措置を記した書類は尊重されること、三、カエサルのために葬儀がおこなわれること、の三点を柱とする妥協が成立した。

葬儀

ついでカエサルの葬儀がおこなわれる。カエサルの遺言状には、カエサルの姉ユリアの孫ガイウス・オクタウィウスが四分の三の遺産相続人となってカエサルの家督を継ぐよう書かれていたが、彼は当時ローマにいなかったため、葬

▼アムネスティ（大赦）　アテナイでは、ペロポネソス戦争後に樹立された三〇人僭主による支配体制が民衆派の反乱で倒されたあと、誰も、誰に対しても、かつての不正を告発することは許されないことが、両陣営のあいだで合意された（前四〇三年）。ただこのときは、三〇人僭主のもとで要職にあった一部の者は除外され、彼らの恩赦には条件がつけられている。

儀はコンスルだったアントニウスの手でおこなわれた。

前二世紀ギリシアの歴史家ポリュビオス▲は、二〇年近くにおよぶローマ滞在中におそらく親しく目にする機会をえたであろう貴族の葬儀について、以下のように記している。

> 彼ら［ローマ人］のもとでは、著名な人々のうち誰かが亡くなると、葬儀はつねに以下のようにいとなまれる。遺骸はあらゆる栄誉に包まれて中央広場のロストラと呼ばれる所［演壇］へと運ばれる。普通は身を起こした姿勢でよくみえるが、まれに臥したままのこともある。まわりをすべての市民が取り囲むなかで、もし成人に達した息子が残され、たまたまその場にいればこの人が、もしいなければ一族の誰かがロストラに登り、故人について、その優れた人となりと生前に成しとげた事績を語る。これによって多くの人々は、それにかかわった人のみならず外部にいた人にいたるまで、起こったことの記憶を呼びもどし、眼前に思い浮かべて強い同情の念をいだく。その結果、不幸は係累たちの私的な出来事ではなく、国家の公の出来事であるかのような様相を呈するのである。

▼**ポリュビオス**（前二〇〇頃～前一一八頃）　ギリシアのアカイア同盟の政治家。第三回マケドニア戦争（前一七一～前一六八年）のあと、同盟の他の有力政治家とともにローマに強制移送されたが、時の有力政治家スキピオ・アエミリアーヌスから知遇を受ける。他のアカイア人が地方都市に幽閉されたなかにあって、ただ一人ローマにとどまることを許され貴族たちと親しく交わった。そしてローマの急速な興隆を目撃した彼は、ローマが短期間で大帝国を築きあげた理由を、歴史を書くことで探ろうとした。

カエサルの葬儀も基本的にこうしたかたちでおこなわれただろう。アントニウスは加えて、カエサルの血に染まったトガと遺骸を民衆に示し、さらに劇的な演出を加えて、暗殺者たちに対する聴衆の憎しみを掻き立てたと伝えられる。公開されたカエサルの遺言状には、ローマ市民に対して、ティベリス河畔の私庭を公園として使えるよう寄贈し、一人頭三〇〇セステルティウスを遺贈すると書かれていたため、カエサルに対する追慕は、彼らのあいだでただでさえ高まっていた。遺骸はローマ人の慣習に反して中央広場で荼毘《だび》に付され、怒り狂った民衆は松明を手に暗殺者の屋敷に押しかけた。そこから追い返されると、前日激しくカエサルを弾劾したコルネリウス・キンナとまちがえて殺害したヘルウィウス・キンナ▲の首級を槍に突き刺し、ローマの市中をねり歩いたという。

カエサルが遺言のなかでオクタウィウス▲を養子としていたことは、カエサル派のリーダーとしての地位を固めようとしていたアントニウスにとって大きな誤算だった。自分より二〇歳近くも年下で、政治上も軍事上もまだ経験のない人物が、突如ライバルとして眼の前にあらわれたのである。名前をガイウス・ユリウス・カエサルと改め、養父の遺産の相続分を引きわたすよう要求してき

▼ヘルウィウス・キンナ　おそらくガリア・トランスパダーナ(ポー川の彼方のガリア)の都市ブリクセン(ブレシャ)の生まれ。カトゥルスとも親交があった。詩人として活躍し、前四四年には、護民官職を務めていた。

▼オクタウィウス　オクタウィウスは名前を養父の名に改めたあと、生家の氏オクタウィウスからつくった添え名オクタウィアヌスを加えた。史料ではカエサルと呼ばれているが、まぎらわしいので本書ではこれ以降オクタウィアヌス(あるいはアウグストゥス)と呼ぶ。

たオクタウィアヌスに対して、アントニウスは、おそらくカエサルの私的な財産と国家の財産の区分が明確になっていないことを理由に、引き渡しを拒否する。今ではオプティマテスのリーダー格になっていたキケロは、こうして生じたカエサル派内の亀裂につけ込み、まずオクタウィアヌスを利用してアントニウスを失墜させようとした。キケロにとってみればオクタウィアヌスは単なる若僧にすぎず、利用するだけ利用して、目的をはたしたら除去できると考えたのだ。ムティナの戦い▲（前四三年）に敗れたアントニウスはガリア・トランサルピナに逃れるが、この勝利に思い上がったオプティマテスは、死亡した二人のコンスルの軍隊に対する指揮権をオクタウィアヌスではなくデキムス・ブルートゥスに与え、さらに東方で大規模な軍隊を構築しつつあったガイウス・カッシウスとマルクス・ブルートゥスに、東方の全属州に対する上級命令権▲を附与した。こうした事態にオクタウィアヌスはアントニウスと和解、レピドゥスを加えて三頭政治体制を作り上げる（前四三年十一月）。かくしてローマ世界の政治上・軍事上の対立軸は、カエサル派対暗殺者に率いられた共和派へと集約されていった。

▼ムティナの戦い　アントニウスはコンスル職のあとガリア・キサルピナとガリア・トランサルピナの総督職をえたが、前任のガリア・キサルピナ総督デキムス・ブルートゥスが属州の引き渡しを拒否したので、彼をムティナで攻囲した。これに対して元老院は、ブルートゥスの救出を二名のコンスル（ガイウス・ウィビウス・パンサとアウルス・ヒルティウス）とオクタウィアヌスに要請、追討軍はフォルム・ガロールムとムティナでアントニウスと戦った。どちらも最終的には追討軍が勝利をおさめたが、フォルム・ガロールムの戦いでパンサは致命傷を負い、ヒルティウスもムティナの戦いで戦死した。

▼上級命令権　命令権はローマの上級官とその代理がもつ包括的な権力。その行使は指定された職務領域のなかにかぎられるのが通例だが、カッシウスとブルートゥスの命令権は東方の他の属州総督の命令権より上位であることが規定され、のちのアウグストゥスの上級コンスル代理命令権の原型となった。

生前におこなわれたカエサルの擬神化と神格化

カエサルを神として祀る動きは、すでに彼の生前から始まっていた。元老院は、カエサルが内乱に勝利してローマ世界の最高権力者となると、法外な栄誉を付与する決議を様々な機会におこなったらしい。カッシウス・ディオはそれらを、タプススの戦い(前四六年)のあと、ムンダの戦い(前四五年)のあと、そしてカエサル暗殺の直前の三箇所にまとめて記している。決議の多くは「擬神化」▲というべきものだが、ディオが前四四年の初頭に伝える決議(アッピアノス▲は類似した決議をムンダの戦いのあとにおくが、おそらく前四四年初頭の決議と混同している)は、カエサルを神として祀る新しい祭儀の導入を定めた「神格化」▲の決議だったらしい。ディオによるとこの元老院決議は、カエサルをユピテル・ユリウスと呼んで、彼と彼のクレメンティア▲を祀る神殿の建立を定め、ユピテル祭司(フラメン・ディアリス)に倣って設けた神官職にアントニウスを選出したという。ディオはカエサルの時代より二〇〇年以上あとに歴史を書いたが、カエサルと同時代を生きたキケロもアントニウス弾劾演説▲のなかで、「ユピテル神を祀るため祭司がいるように、マルス神を祀るため祭司がいるように、

▼「擬神化」と「神格化」　カエサルに人間の分をこえた栄誉を附与し、神であるかのように讃えた決議を「擬神化」と呼び、彼を神の列に加え、神となった彼のために新しい国家祭儀を導入した「神格化」と区別する。

▼アッピアノス(九〇頃～一六〇頃)　アレクサンドリア(エジプト)生まれの歴史家。ローマ市民権をえてローマに移住。ローマでは弁護士として活動し、アントニヌス・ピウス帝(在位一三八～一六一)のもとで皇帝属吏の地位をえた。彼が書いた『ローマ史』は、ローマが征服していった順に配列された個々の民族の歴史で構成されている。

▼クレメンティア　ウィルトゥース(勇敢さ、徳)、ホノス(栄誉)、フィデス(信義)といったローマの貴族の生き方にかかわる価値概念が神格化され、祀られるようになるのは、前四世紀末頃からだとされる。クレメンティアのように、これらの概念をあらわすラテン語の文法上の性が女性の場合、女神としてイメージされた。

クイリヌス神を祀るため祭司がいるように、そのようにディウス・ユリウスを祀るためマルクス・アントニウスが祭司（フラメン）なのだ」（第二演説）と記しており、ディオの証言は無視できない。だがそこには、いくつかの問題もある。

まずディオは、「彼ら（＝カエサルと彼のクレメンティア）のためにアントニウスを神官に選び」と記しているが、フラメンと呼ばれる神官は特定の一柱の神に対する祭儀をつかさどる。別の祭儀にかかわることはあるが、合祀された二柱の神を祀ることはない。おそらくディオは、カエサルをユピテル・ユリウスの名で神の列に加え、神殿の建立と神官職の設置を定めた決議と、カエサルと彼のクレメンティアが同じ神殿に合祀されたという伝承を一纏めに記したのだろう。次に神殿に関しても伝承に混乱がある。スエトニウスは単に、カエサルの神殿と祭壇が決議されたとだけ伝え、プルタルコスは、彼のクレメンティアを祀った神殿にしか言及しない。他方アッピアノスは、カエサルのために多くの神殿の建立が決議されたが、そのうち一つは彼とクレメンティア女神が合祀されたとする。しかし現存するキケロの著作には、カエサルの神殿にもクレメンティアの神殿にも言及がない。たしかにカエサルのクレメンティアを神格化

▼アントニウス弾劾演説　前四世紀アテナイの政治家デモステネスがマケドニアの王ピリッポスに対しておこなった弾劾演説になぞらえて、アントニウスに対する一四篇の弾劾演説は『ピリッピカ』と呼ばれている。第二演説は実際におこなわれたものではなく、アントニウスが前四四年九月十九日の元老院会議でおこなった攻撃に対し、その場にいなかったキケロがのちに反論の形式で執筆した。

クレメンティア女神の神殿　左の図はプブリウス・セプリウス・マケルが発行したデナリウス銀貨（前四四年頃）の裏面。四本列柱の神殿と「カエサルのクレメンティアへ」の銘。

▼**ディウス・ユリウス**（ユリウス神）　ディウスというラテン語は、もともとデウス（神）の同義語として用いられていたが、神格化されたカエサルがディウス・ユリウスと呼ばれて以降、かつて人だった神（神格化された皇帝と一部の親族）を指す言葉となった。

した女神の神殿を図像とする貨幣はあるが、発行された時期（前四四年頃）から考えて、これは元老院決議にもとづいて建立されるはずの神殿を描いたにすぎないだろう。ローマにはクレメンティアの神殿の痕跡や関係する碑文はまったく残らず、おそらく実際には神殿は建立されなかった。またカエサルの神殿も、彼の像を他の神の神殿におき合祀した例は知られているものの（例えばクィリヌス神の神殿）、カエサルのみを祀る神殿を建立する決議が生前になされたという確証はない。最後に、神として祀られるカエサルの名をディオはユピテル・ユリウス（ゼウス・ユリオス）と記すが、もちろん同時代人のキケロが証言するディウス・ユリウス（ユリウス神）▲が正しい。それでは何故ディオは誤ったのか。ギリシア語もラテン語も名詞は主語として用いられる場合と直接目的語として用いられる場合では語形が変わる。ゼウス・ユリオスというギリシア語は主語のかたちで、実際には、ディオはこれを直接目的語のかたち「ディア・ユリオン」に変化させている。もし彼が使ったラテン語の史書でも直接目的語の語形「ディウム・ユリウム」が使われていたとすれば、ディオはついこれをかたちの似た「ディア・ユリオン」におきかえてしまったのかもしれない。あるいはギリシア語世界の読者にわかりやすいよう、わざわざ言い換えた可能性も排除できないだろう。

錯綜する伝承のなかにあって、ディウス・ユリウスという神名とディウス・ユリウスを祀る祭司(フラメン)職の設置を決めた元老院決議がカエサルの生前になされたことは、キケロの証言から確かである。ところがローマ宗教史上の通説的理解によると、ローマの国家宗教は生きた人間を神として祀ることを許さなかった。そこでカエサルの生前におこなわれた擬神化や神格化の決議は、ヘレニズム世界の支配者祭儀▲に連なるとされ、このあと述べる前四二年の元老院決議との関係は否定されることが多い。キケロによると、アントニウスはユリウス神の祭司になることを決議されながら、前四四年の秋になってもこの神官職についていなかった。キケロは「暴君の神官であるにせよ、死人の神官であるにせよ、胸糞が悪くなる奴よ」と悪態をついているが、アントニウスが就任しなかった理由は推測するほかない。カエサルの生前に彼が就任しなかったのは、ひょっとするとカエサル自身が自分を祀る神官職の設置に消極的だったのかもしれない。またカエサル暗殺の直後は、オクタウィアヌスに対抗するた

▼ヘレニズム世界の支配者祭儀
支配者や自分たちの都市を救ってくれた人物を神として祀ることはヘレニズム世界でしばしばみられる現象で、一説によるとその起源は前五世紀末のギリシアにまで遡るとされている。

めアントニウスはむしろカエサルの神格化にブレーキをかけようとしたらしい。オクタウィアヌスがカエサルの黄金の座と冠を劇場に持ち込んで神々の座のあいだにおこうとしたとき、アントニウスはこれを阻止しているのである。

ユリウス神

カエサルを神として祀る動きは、非公式には暗殺直後から始まっていた。まずマリウスの孫を自称し、カエサルの親族をかたる人物が、暗殺者たちへの復讐を誓って祭壇を築こうとしたと伝えられる。同調する者が多くあらわれたが、この試みはコンスルのドラベラが介入して失敗した。ついでカエサルの古参兵が要求するなか、記念柱が立てられ、おそらく祭壇がおかれた。記念柱には「祖国の父のために」という銘が刻まれ、カエサルの像が上におかれていたらしい。墓標を模したようだが、墓標が身内の死者を供養するため墓に立てられたのに対し、カエサルの記念柱は、彼が荼毘《だび》に付された中央広場に立てられ、しかも供犠をおこなったのはカエサルの一族にかぎらなかった。スエトニウスは民衆が立てたというが、おそらくはカエサルの家督を相続したオクタウィア

カエサルの彗星　左の図はマルクス・ウィプサニウス・アグリッパが発行したアウレウス金貨（前三八年）。表面には月桂樹の冠をかぶったカエサルの頭像。額に星が描かれている。裏面には「マルクス・アグリッパ予定コンスル」の銘。コンスルに選出されてからこの職につくまでのあいだは、「予定コンスル」と呼ばれた。

ヌスが手配したのだろう。他方オクタウィアヌスとライバル関係にあったアントニウスも、カエサルのために中央広場の演壇に記念柱を立てた。柱には「もっとも功績のあった父のために」という銘が刻まれていたという。

　こうした試みがなされるなかで、カエサルが神になったという言説を人々の間に広く行き渡らせたのは、ある偶然のできごとだった。生前カエサルはウィクトリア・カエサリス、つまり自分に備わる勝利をもたらす力をアピールするため、これを讃える祭（ルーディ・ウィクトリアエ・カエサリス）を創設して七月の二十日から三十日までをその期間と定めていた。しかしカエサルが暗殺されると、祭を執りおこなう神官団はその開催に消極的になる。そこでオクタウィアヌスは私財を投じて自ら祭を主催し、あわせてカエサルの追善のために剣奴の試合を開催した。こうして祭が始まると夕方近くに彗星があらわれ、七日間輝いたという。ローマでは彗星の出現は不吉な前兆とされていたが、このときはカエサルの魂が天に昇り神々の列に迎え入れられたことの証と信じられ、これ以降カエサルの像の頭上や額に彗星が描かれるようになった。

　前四二年一月一日に開かれた元老院の会議でカエサルの神格化が決議され、

カエサルは「ディウス・ユリウス」の名で国家神の列に加えられた。暗殺者たちとの決戦を目前にひかえて、三人のカエサル派の棟梁が自分たちの立場を正当化するためにおこなわせたのだが、カエサルの神格化をもっとも政治的に利用したのは、カエサルの養子として家督を相続していたオクタウィアヌスだった。彼はこのあと父称を「ガイウス（カエサルの生前の個人名）の子」から「ディウス（神）の子」に変えて自らの権威を高めた。前四二年一月一日の決議はさらに、中央広場のカエサルが荼毘に付された場所にユリウス神の神殿▲を建立すること、新しい祭儀をつかさどる祭司（フラメン・ユリアーヌス）職を設けること、そして七月十二日をカエサルの誕生日▲に指定して国家の祝日とすることを定めていた。おそらく前四四年のはじめに元老院がカエサルにへつらうためおこなった決議が、新たな状況のもと、現実の祭儀創建のなかで受け継がれたのだろう。そしてこの元老院決議は、帝政期の皇帝と一部の皇帝親族に対する死後神格化決議の原型となった。

▼ユリウス神の神殿　左の図はオクタウィアヌス発行のアウレウス金貨（前三六年）。四本列柱神殿のアーキトレーヴに「ディウス・ユリウスへ」の銘、破風には星、神殿のなかにはリトゥウス（鳥占官の杖）をもったカエサルが描かれている。

▼カエサルの誕生日　カエサルが生まれたのは七月十三日だが、この日はアポロン神の祭の日とかさなるため、祝日は前日に移された。

カエサルの遺産

ローマの共和政は、本質的には少数の元老院貴族によって統治される寡頭政だった。これらの貴族は栄職と権力を求めて互いに激しく競い合ったが、誰か傑出した人物があらわれて自分たちの競争の原理がそこなわれそうになると、寄ってたかって彼を追い落とそうとした。こうした彼らの心性は「妬みの文化」と呼べるかもしれない。カエサルが同僚貴族から不信の目でみられ、さらに一部の貴族からは共和政の自由と伝統を破壊する者として忌み嫌われたのは、おそらくこうした文化と無縁でない。それではカエサルは、彼らが主張し、そしておそらくは信じてもいたように、単に功名心と権力欲に駆られて共和政を転覆させようとしただけなのか。それとも、じつは彼は共和政末期のローマがかかえていた問題に真摯に向き合い、その解決のために改革を試みようとしたのか。現在の研究者のあいだでも評価は分かれている。たしかに内乱で勝利をおさめたカエサルは、官職制度の改革、属州のローマ化▲、都市ローマとイタリアにおける造営・インフラ整備▲など、さまざまな分野で施策を試みたと伝えられる。しかし彼がローマにとどまっていた期間は短く、しかも暗殺により突如

▼属州のローマ化　カエサルは、退役兵に老後の生活を保証し、ローマの無産市民の生活再建を促す目的で、属州にローマ植民市を建設したが（計画だけにとどまったものも多い）、これらの植民市は属州のローマ化に大きく寄与した。またカエサルは、属州民へのローマ市民権の付与にも積極的だった。

▼都市ローマとイタリアにおける造営・インフラの整備　カエサルは、中央広場（フォルム・ロマーヌム）付近の混雑を緩和し、新しいローマの中心とするため、「ユリウスのバシリカ」と「カエサルの広場」を建設した。またマルスの野に公共図書館の建設を計画し、その実行を学者として名高かったワローに託したが、この計画はカエサルの暗殺により実行されなかった。さらにカエサルは、中部イタリアのフキヌス湖とポンプティヌス沼の灌漑・耕地化にも着手したが、これらの事業もカエサルの死によって中断、完成をみたのは、それぞれ十九世紀と二十世紀になってからである。

命を奪われたので、着手したが完成できなかった事業や、計画だおれの事業が少なくない。そうしたことが、彼の目的を理解し、ローマ史のなかで彼の事績を評価することを困難にしているのである。

カエサルを突き動かした原動力が功名心と権力欲だったことは、もちろん否定できない。彼自身、自分は自分の威信（ディグニタス）を守るために戦うと内乱をとおして繰り返し明言している。そして威信は兵士の武力によって守られた。しかし他方でカエサルは、すでに一回目のコンスル時からローマが直面する問題に対処する施策をおこなっている。第三章で述べたように、農地法はポンペイウスとの約束をはたすために上程し、一部のオプティマテスから激しく攻撃されたが、土地分与の受益者に都市ローマの貧民を含めて社会政策的な意味合いをもたせていた。また不法取得返還に関するユリウス法は、不法取得返還訴訟で罪に問われる行為と、対象となる人の範囲を明確に規定し、帝政期にいたるまで属州統治の基礎となった。たしかに彼がローマ世界の最高権力者となったあと始めた都市ローマの造営事業は、どれも生前には完成をみなかったが、ローマが世界帝国の首都となった現実をみすえていたといえる。ただカエサルは、政局を鋭く読み解き、すばやく果敢に行動する能力では当時の政治家・軍人のあいだで群を抜いていたけれども、腰をすえて新しい体制を作り上げるための忍耐も、そしておそらく能力も彼にはなかったようだ。ムンダの戦いで内乱に終止符を打ってローマに帰ったあと、翌年にはパルティア遠征のためふたたびローマを去ろうとする彼の姿をみると、そう思えてならないのである。

最後にカエサルが実際におこなった改革で、今日の私たちもその恩恵をこうむっているものを一つ紹介しておこう。

共和政期ローマの暦▲は一年三五五日を基本とする太陰暦だが、閏月の挿入により四年間で太陽の運行(地球の公転)にほぼ一致するように調整された。つまり、二年目の二月二十三日のあとに二十二日の閏月が、そして四年目は二月二十四日のあとに二十三日の閏月▲が挿入されたのである。しかしこの調整方法だと四年間の日数の合計が一四六五日となり、太陽暦の日数を四日オーバーしてしまう。そのため再調整の必要があったが、この調整は時としてうまく機能せず、太陽暦の一年とのあいだに大きな狂いが生じることもあった。また閏月を挿入する権限を有していた神祇官が党派的な利害から、官の任期や契約期間、

▼ローマの暦　三月、五月、七月、十月は、それぞれ三十一日、一月、四月、六月、八月、九月、十一月、十二月は二十九日、そして二月は二十八日だった。

▼閏月　閏月が挿入されると、二月の残りの日(二年目は五日、四年目は四日)は閏月に加算されたので、閏月はどちらも合計二十七日になった。

あるいは裁判の期日を延長や縮小するため恣意的な操作をおこなったために狂いを大きくしたのではないかと推測する研究者もいる。ただ実際には、大きな狂いが生じたのは一時的な現象だったらしい。例えば前三世紀末に生じた大きな狂いは、おもに第二回ポエニ戦争による混乱に原因があると考えられる。ちなみにローマ暦で前四八年八月九日のパルサロスの戦いは、太陽暦（ユリウス暦）では同年の六月七日となり、この頃はローマ暦の方が二カ月ほど早かった。

カエサルは、前四六年の十一月と十二月のあいだに閏月を二カ月（計六七日）挿入し、前四五年の一月一日から、当時エジプトでおこなわれていた太陽暦を導入した。前四六年はローマ暦の閏年にあたり、すでに二三日の閏月が挿入されていたので、この年は合計で四四五日あったことになる。これによりローマ人の暦は面倒な調整をおこなわなくとも太陽の運行に一致するようになり、彼らの生活を便利にしたはずだが、カエサルに敵意をいだく同時代のローマ人は、この改革さえ非難したという。プルタルコスは、キケロが、「明日、琴座が昇る」といった知人に、「そのとおり、政令によってね」と皮肉ったというエピソードを伝えている。

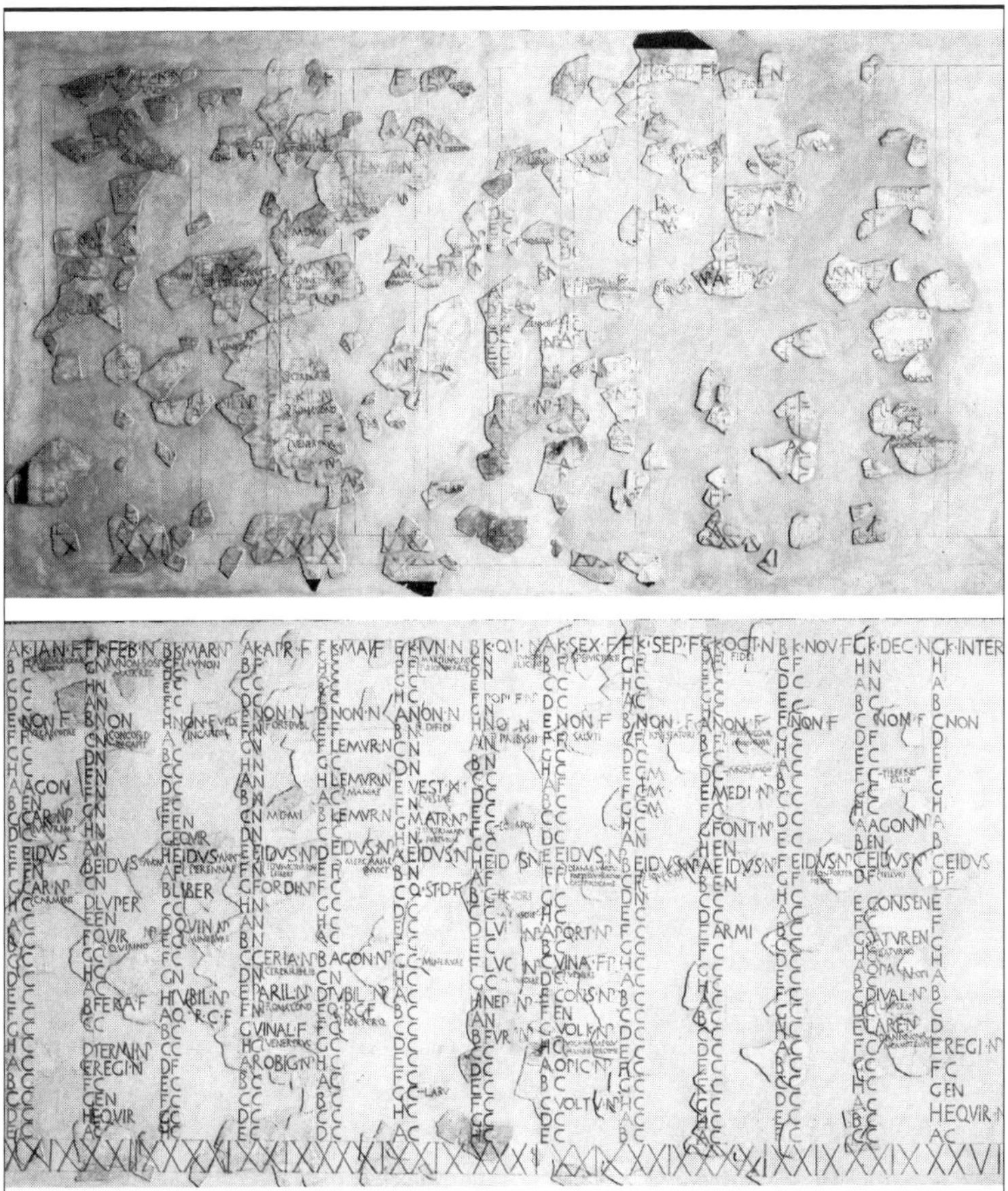

●——**ローマ共和政期の暦**（断片と復元、ローマ、国立博物館）　アンティウム出土。現存する最古のローマの暦（前八四〜前五五年）。上は断片で下は復元。アンティウムはローマの植民市だが、ローマの公式暦の忠実なコピーらしい。一週間は八日（A〜H）、一月一日はつねにAで始まる。最後の一三番目の欄は閏月。

カエサル年表

西暦	齢	おもな事項
前100年	1	***7-13*** ガイウス・ユリウス・カエサル，生まれる
前85年	16	父ガイウス・ユリウス・カエサル，ピサエ（ピサ）で没
前84年	17	コルネリウス・キンナの娘コルネリアと結婚
前82～79年	19～22	スラの独裁
前81年	20	娘ユリア，生まれる
前75年	26	ロードスへ遊学。海賊にとらえられる
前73年	28	神祇官
前69年	32	クワエストル。叔母ユリアと妻コルネリアの死
前67年	34	ポンペイアと再婚
前65年	36	高等アエディリス
前63年	38	大神祇官。カティリーナ陰謀事件
前62年	39	プラエトル。ボナ・デア事件でポンペイアを離縁
前61年	40	ヒスパニア・ウルテリオル総督
前60年	41	この年の年末か翌年初めポンペイウスおよびクラッススとの盟約「第1回三頭政治」
前59年	42	コンスル。娘ユリアとポンペイウスの結婚
前58年	43	ガリア・キサルピナ，イリュリクム，ガリア・ナルボネンシスの総督 前54年まで
前56年	45	***4*** ポンペイウスおよびクラッススとの盟約更新「ルカの会談」
前55年	46	カエサルの属州総督職，前50年まで延長される
前54年	47	***8*** 娘ユリアの死
前53年	48	***6-9*** クラッスス，カライの戦いでパルティア軍に敗北，数日後に殺害される
前52年	49	アレシアの攻囲戦。ガリア反乱軍の将ウェルキンゲトリクス，投降
前51年		『ガリア戦記』全7巻刊行される
前49年	52	***1-7*** 元老院最終決議。元老院，ポンペイウスに独裁官権限を附与。***1-10*** 夜カエサル，ルビコン川を渡河。内乱始まる
前48年	53	コンスル2回目。***8-9*** パルサロスの戦い。***9-28*** ポンペイウス，暗殺される
前47年	54	***10*** ローマへ帰還
前46年	55	コンスル3回目。***4-6*** タプソスの戦い。
前45年	56	コンスル4回目。***3-17*** ムンダの戦い。終身の独裁官職に関する元老院決議
前44年	57	コンスル5回目。***2-15*** ルペルカリア祭。***3-15*** ポンペイウスの劇場で暗殺される享年56。***7-20～30*** ウィクトリア・カエサリス祭，彗星の出現
前42年	59	***1-1*** 元老院，カエサルの神格化を決議

参考文献

ピエール・グリマールほか（長谷川博隆ほか訳）『ユリウス・カエサル』（世界伝記双書）小学館，1984年

マティアス・ゲルツァー（長谷川博隆訳）『ローマ政治家伝Ｉ　カエサル』名古屋大学出版会，2013年

マティアス・ゲルツァー（長谷川博隆訳）『ローマ政治家伝 II　ポンペイウス』名古屋大学出版会，2013年

マティアス・ゲルツァー（長谷川博隆訳）『ローマ政治家伝 III　キケロ』名古屋大学出版会，2014年

エイドリアン・ゴールズワーシー（宮坂渉訳）『カエサル』（上）（下），白水社，2012年

長谷川博隆『カエサル』（講談社学術文庫）講談社，1994年

テオドーア・モムゼン（長谷川博隆訳）『ローマの歴史　IV カエサルの時代』名古屋大学出版会，2007年

ユリウス・カエサル（國原吉之助訳）『カエサル文書：ガリア戦記・内乱記』筑摩書房，1981年

キケロ（竹中康雄ほか訳）『キケロー選集1～5：法廷・政治弁論集Ｉ～Ｖ』岩波書店，1999～2001年

キケロ（岡道男訳）『キケロー選集8：哲学Ｉ　国家について・法律について』岩波書店，1999年

キケロ（根本和子ほか訳）『キケロー選集13～16：書簡Ｉ～IV』岩波書店，2000～2002年

サッルスティウス（合阪學・鷲田睦朗訳・注解）『カティリーナの陰謀』大阪大学出版会，2008年

スエトニウス（國原吉之助訳）『ローマ皇帝伝（上）』（岩波文庫）岩波書店，1986年

プルタルコス（村川堅太郎ほか訳）『プルタルコス』（世界古典文学全集23）筑摩書房，1966年

Andreas Alföldi, *Studien zu Caesars Monarchie und ihren Wurzeln*, Bonn：R. Habelt, 1985

Jérôme Carcopino, *Jules César*, Paris：Presses Universitaires de France, 1969（5e éd.）

Helga Gesche, *Caesar*, Darmstadt：Wissenschaftliche Buchgesellschaft, 1976

Martin Jehne, *Der Staat des Dictators Caesar*, Köln / Wien：Böhlau, 1987

Christian Meier, *Caesar*, Berlin：Severin und Siedler, 1982（2. Aufl）

Eduard Meyer, *Caesars Monarchie und das Principat des Pompeius. Innere Geschichte Roms von 66 bis 44 v. Chr.* Stuttgart / Berlin：J. G. Gotta' sche Buchhandlung Nachfolger, 1919（2. Aufl.）

Elizabeth Rawson, Caesar：civil war and dictatorship, in：*Cambridge Ancient History*, Vol IX, Cambridge：Cambridge UP, 1994（2nd ed.）

Elizabeth Rawson, The aftermath of the Ides, in：*Cambridge Ancient History*, Vol IX, Cambridge：Cambridge UP, 1994（2nd ed.）

Hermann Strasburger, *Caesars Eintritt in die Geschichte*, München：Neuer Filser-Verlag, 1938

Hermann Strasburger, *Caesar im Urteil seiner Zeitgenossen*, Darmstadt : Wissenschaftliche Buchgesellschaft, 1968 (2. Aufl.)

Hermann Strasburger, *Ciceros philosophisches Spätwerk als Aufruf gegen Herrschaft Caesars*, Hildesheim / Zürich / New York : Olms, 1990

Lily Ross Taylor, *The Divinity of the Roman Emperor*, Middletown : The American Philological Association, 1931

Lily Ross Taylor, *Party Politics in the Age of Caesar*,Berkley, Los Angeles and London : University of California Press, 1949

Zvi Yavets, *Julius Caesar and his public image*, London : Thames and Hudson, 1983

Stefan Weinstock, *Divus Julius*, Oxford UP, 1971

T. P. Wiseman, Caesar, Pompey and Rome, 59-50 B.C., in : *Cambridge Ancient History*, Vol IX, Cambridge : Cambridge UP, 1994 (2nd ed.)

Paul Zanker, *Augustus und die Macht der Bilder*, München : Beck, 1987

出典一覧

Mary Beard, John North, Simon Prince, *Religions of Rome*, Cambridge, 1998 *66, 67*

Michael H. Crawford, *Roman Republican Coinage,* Cambridge, 1974 *10, 56, 78, 81, 82*

Pietro Romanelli, *Il Foro Romano,* Roma, 1981 *19, 24, 25*

M. Rostovtzeff, *The Social and Economic History of the Hellenistic World,* Vol. I, II, Oxford 1953 *18, 57*

Paul Zanker, *Augustus und die Macht der Bilder,* München, 1987 *3*右上, *6, 7, 16, 21, 27*

Anzio e i suoi Fasti, *Il tempo tra mito e realtà,* Anzio, 2010 *87*

Der Neue Pauly. Enzyklopädie der Antike, Bd. 12/1 Stuttgart, 2002 *61*

Glyptothek München, Griechische und römische Skulpturen, München, 1977 *3*左上, *17*

著者提供 カバー裏, *38*

ユニフォトプレス *3*中央

PPS 通信社 カバー表, 扉

毛利晶(もうり あきら)
1947年生まれ
東京大学大学院博士課程中退
マールブルク大学で博士号(Dr. phil.)取得
神戸大学名誉教授

主要著訳書
リウィウス『ローマ建国以来の歴史 3　イタリア半島の征服(1)』(訳，京都大学学術出版会 2008)
リウィウス『ローマ建国以来の歴史 4　イタリア半島の征服(2)』(訳，京都大学学術出版会 2014)
『一つの市民権と二つの祖国——ローマ共和政下イタリアの市民たち』(京都大学学術出版会 2022)

世界史リブレット人 7
カエサル
貴族仲間《きぞくなかま》に嫌《きら》われた「英雄《えいゆう》」

2014年4月15日　1版1刷印刷
2023年11月30日　1版3刷発行
著者：毛利晶《もうりあきら》
発行者：野澤武史
装幀者：菊地信義
発行所：株式会社 山川出版社
〒101-0047　東京都千代田区内神田1-13-13
電話　03-3293-8131(営業)　8134(編集)
https://www.yamakawa.co.jp/
振替　00120-9-43993
印刷所：株式会社 明祥
製本所：株式会社 ブロケード
 ISBN978-4-634-35007-6